सहस्राब्दी का कवि : तुलसीदास

सहस्राब्दी का कवि
तुलसीदास

गोपाल शरण तिवारी

वाणी प्रकाशन

वाणी प्रकाशन

4695, 21-ए, दरियागंज, नयी दिल्ली 110 002

शाखा

अशोक राजपथ, पटना 800 004

फ़ोन: +91 11 23273167 फ़ैक्स: +91 11 23275710

www.vaniprakashan.in
vaniprakashan@gmail.com

SAHSRABDI KA KAVI TULSIDAS
by Gopal Sharan Tiwari

ISBN : 81-7055-146-3

Criticism

संस्करण 2002
आवृत्ति 2013

मूल्य : ₹ 200

न्यू कृष्णा ऑफ़सेट, दिल्ली-110 093 में मुद्रित

वाणी प्रकाशन का लोगो मक़बूल फ़िदा हुसेन की कूची से

जीवन संगिनी सुशीला

को

सप्रेम

भूमिका

हिन्दी भाषी विश्व में तुलसी साहित्य सर्वाधिक लोकप्रिय एवं प्रभावी है फिर भी लगभग एक शताब्दी पूर्व तक हिन्दी समीक्षा जगत् में देव और बिहारी को तुलसीदास से बड़ा कवि समझा जाता था। आचार्य रामचन्द्र शुक्ल के ग्रन्थ 'गोस्वामी तुलसीदास' के प्रकाशन के पश्चात् हिन्दी के अधिकांश विद्वान् तुलसीदास को हिन्दी का सर्वोत्कृष्ट कवि मानने लगे। अंग्रेजी के महानतम नाटककार एवं कवि शेक्सपियर को अपने समय में मात्र एक सफल नाटककार ही माना जाता था। शताब्दियों के अन्तराल के पश्चात् ही किसी विश्व कवि का समग्र एवं समुचित मूल्यांकन सम्भव हो पाता है।

भारतीय आचार्यों की भाँति प्रोफेसर वारान्निकोव भी तुलसीदास की काव्य प्रतिभा को शेक्सपियर के समकक्ष मानते हैं परन्तु भारतीय आचार्यों की तरह उन्होंने भी अपने मत के समर्थन में कोई प्रमाण एवं तर्क प्रस्तुत नहीं किया। सम्भवतः पहली बार प्रस्तुत पुस्तक में कालिदास, दान्ते, शेक्सपियर एवं तुलसीदास की काव्य प्रतिभा की विशेषताओं का उद्‌घाटन प्रमाणों एवं तर्कों द्वारा किया गया है।

मेरी दृष्टि में शेक्सपियर एवं तुलसीदास गत सहस्राब्दी के श्रेष्ठतम कवि हैं। दोनों की मेधा बड़े से बड़े दार्शनिक के समकक्ष है। बीसवीं शताब्दी के महान् कवि एवं समीक्षक इलियट ने शेक्सपियर तथा दान्ते के विश्रुत बिम्बों का तुलनात्मक अध्ययन करते हुए लिखा है कि यह कहना सम्भव नहीं है कि दोनों में कौन बड़ा कवि है। पर उन्होंने भी स्वीकार किया है कि शेक्सपियर की मेधा प्रबल तथा उनकी विश्लेषण क्षमता सशक्त है परन्तु इस प्रक्रिया में वे भाव को नष्ट कर देते हैं। अगर यह सच होता तो शेक्सपियर मानव मनोविकारों का इतना

मार्मिक एवं प्रभावशाली चितेरा नहीं माना जाता तथा बुद्धिजीवियों, सहृदय पाठक एवं दर्शक वर्ग पर उसका इतना प्रभाव नहीं होता। अपनी तीव्र बौद्धिक शक्ति से उसने सत्य, सौन्दर्य एवं आनन्द का अद्‌भुत समन्वय किया है। उसने दार्शनिक काव्य की रचना नहीं की है। कवि के लिए यह आवश्यक भी नहीं है। दान्ते ने दार्शनिक काव्य की रचना की है परन्तु उनके अनन्य प्रेमी इलियट ने भी स्वीकार किया है कि दान्ते मौलिक दार्शनिक नहीं है। उन्होंने अरस्तू एवं अन्य महान् दार्शनिकों के विचारों को ही रूपाकार प्रदान किया है। निःसन्देह दान्ते विश्व के महान् प्रतिभाशाली कवि हैं परन्तु मैंने शेक्सपियर और तुलसी की प्रतिभा को श्रेष्ठतर इसलिए माना है कि वे अपने सारथी स्वयं हैं। कोई भी दार्शनिक उनका सारथी नहीं है तथा उनका बिम्ब विधान भी अप्रतिम है। कबीर को छोड़कर गत सहस्राब्दी के किसी कवि की मेधा इतनी प्रबल नहीं है। फ्रेंच समीक्षक लिगवी ने ठीक ही कहा है कि शेक्सपियर की कविता सत्य एवं सौन्दर्य की एक ऐसी सरिता है जिससे एक घूँट पीकर कोई भी तृप्त हो सकता है। महानतम दार्शनिकों की भाँति इन दोनों असीम प्रतिभाशाली कवियों ने जीवन के सत्य का ही उद्‌घाटन किया है; अवश्य ही उनकी पद्धति कविता की है, दर्शन की नहीं। हिन्दी में कबीर एवं सूर तथा अंग्रेजी में मिल्टन और वर्ड्स्वर्थ भी अत्यन्त शक्तिशाली, प्रतिभा सम्पन्न एवं प्रभावी कवि हैं। विचारों एवं भावों की उदात्तता में मिल्टन अप्रतिम हैं। वर्ड्स्वर्थ की प्रिलूड **(Prelude)** तो आधुनिक धर्म निरपेक्ष जगत् की गीता कही जा सकती है। सूर प्रेम के मनोमुग्धकारी एवं मार्मिक कवि हैं। क्रान्तिकारी कबीर का प्रभाव विलक्षण है तथा उनकी मेधा भी विश्व की श्रेष्ठतम मेधा के समकक्ष है। किन्तु शेक्सपियर एवं तुलसी की प्रतिभा अबाध है एवं उनका क्षेत्र कहीं अधिक विस्तृत है। इन कवियों का साहित्य इतना बहुआयामी है कि उसकी नित्य नई व्याख्याएँ हो रही हैं तथा होती रहेंगी। तुलसी ने स्वयं कहा है कि उनके काव्य में बहुत कम अक्षरों में अमित अर्थ भरे रहते हैं–'अरथु अमित अति आखर थोरे।'

यह प्रयास इसलिए भी किया गया है कि आचार्य शुक्ल ने तुलसी के काव्य वैशिष्ट्य का प्रकाशन तो बहुत कुशलता के साथ किया है परन्तु उनकी भक्ति एवं विश्वदृष्टि का समुचित मूल्यांकन आज तक नहीं हो सका है। उनके बारे में अनेक भ्रम आज भी पंडितों द्वारा फैलाए जा रहे हैं।

देश-विदेश के जिन महान् चिन्तकों एवं साहित्यकारों से मुझे प्रेरणा एवं मार्गदर्शन मिला है, उनके प्रति मैं हार्दिक कृतज्ञता व्यक्त करता हूँ। किसी भी लेखक के विचारों को तोड़-मरोड़कर प्रस्तुत नहीं किया गया है। यथासम्भव निष्पक्ष रूप से उनका विवेचन किया गया है तथा प्रत्येक के योगदान को खुले दिल से स्वीकार किया गया है परन्तु उनकी सीमाओं की ओर ध्यान आकर्षित करना भी किसी सार्थक एवं गम्भीर विवेचन के लिए आवश्यक है।

प्रबुद्ध पाठक देखेंगे कि इन महान् कवियों का साहित्य आज भी उतना ही प्रासंगिक है। आधुनिक विश्व के लिए उनकी उपादेयता ही इस पुस्तक का प्रमुख प्रतिपाद्य है। इक्कीसवीं शती के सचेत पाठकों के समक्ष इस पुस्तक को प्रस्तुत करते हुए मुझे अत्यधिक प्रसन्नता अनुभव हो रही है तथा विश्वास है कि भविष्य में भी इस प्रकार के प्रयास होते रहेंगे।

गोपाल शरण तिवारी

विषय-सूची

तुलसी की प्रतिभा : कवि एवं चिन्तक के रूप में

(कवि उर अजिर नचावहिं बानी)

तुलसीदास हिन्दी के सर्वोत्कृष्ट कवि हैं। उनकी प्रतिभा विश्व के आधे दर्जन सर्वोच्च कवियों के समकक्ष है, पर यह तथ्य अभी भारत में ही अधिक ज्ञात नहीं है। प्रो. वारान्निकोव ने रामचरितमानस का रूसी कविता में अनुवाद किया है। अपने ग्रन्थ की भूमिका में उन्होंने लिखा है–"भारतीय आचार्य तुलसी की काव्य प्रतिभा की तुलना शेक्सपियर से करते हैं और उचित ही करते हैं।" परन्तु भारतीय आचार्यों की भाँति उन्होंने भी अपने कथन की पुष्टि में कोई प्रमाण प्रस्तुत नहीं किया।

काव्य भाषा की चर्चा करते हुए पश्चिम के सर्वश्रेष्ठ समीक्षक अरस्तू ने रूपक पर अधिकार को ही सर्वाधिक महत्त्वपूर्ण माना है। यह कवि को प्रकृति द्वारा प्रदत्त 'सर्वोच्च उपहार' है। उनके अनुसार यही एक ऐसी वस्तु है जिसे दूसरों से सीखा नहीं जा सकता। साथ ही यह कवि की प्रतिभा का भी प्रतीक है। एक अच्छे रूपक में 'असमानों की समानता' का सहज ज्ञान अंकित होता है :

> "But the greatest thing by far is to be a master of metaphour. It is the only thing which can not be learnt from others, and it is also a sign of genius, since a good metaphour implies an intutive perception of the similarity of dissimilars."

यही कारण है कि बिम्ब हमारे हृदयों को इतनी गहराई से प्रभावित करता है तथा हमारे भावों को असीम विस्तार भी प्रदान करता है। सर फिलिप सिडनी ने अरस्तू की बात को आगे बढ़ाते हुए रूपक को इतिहास और दर्शन का संगम

कहा है। अतः शेक्सपियर तथा तुलसी के बिम्बों के तुलनात्मक अनुशीलन के द्वारा ही तुलसी की प्रतिभा को शेक्सपियर के समकक्ष प्रस्थापित किया जा सकता है।

बीसवीं शताब्दी के महान् अंग्रेज कवि एवं समीक्षक टी.एस. इलियट ने अपने प्रिय कवि दान्ते पर अत्यन्त प्रौढ़ समीक्षात्मक निबन्ध लिखा है। उसमें उन्होंने दान्ते एवं शेक्सपियर के दो विख्यात तथा प्रतिनिधि बिम्बों का तुलनात्मक अध्ययन करते हुए बताया है कि इन दोनों महान् सृष्टाओं में किसी को छोटा या बड़ा कहना सम्भव नहीं है। दोनों की अपनी भिन्न विशेषताएँ हैं।

अब हम इन बिम्बों का अवलोकन करते हैं। दान्ते ने Inferno के महान् पन्द्रहवें सर्ग में निम्नांकित उपमा का प्रयोग किया है :

> Siver noi aguzzevan le ciglic Come veechio sorter fa nella crun.
> And sharpened their vision (Kritted their brows) at us like an old tailor peering at the eye of his needle.

प्रसिद्ध अंग्रेज समीक्षक मैथ्यू आर्नल्ड ने इस उपमा की अत्यधिक प्रशंसा की है तथा इलियट ने उसका समर्थन किया है। इसमें कवि ने नरक में उपस्थित उस भीड़ का चित्रण किया है जो उन्हें तथा उनके मार्गदर्शक को मन्द प्रकाश में गहनता से देख रही थी। इलियट के अनुसार दान्ते का लक्ष्य दृश्य को निश्चयात्मक ढंग से प्रस्तुत करना है।

इलियट ने शेक्सपियर के एण्टनी एवं लियोपेट्रा नाटक का निम्नांकित बिम्ब उद्धृत किया है :

> She looks like sleep,
> As she would catch another Antony,
> In her strong toil of grace.

उपर्युक्त दोनों बिम्बों की तुलना करते हुए इलियट ने लिखा है :

> But where as the simile of Dante is merely to make you see more clearly how the people looked, and is explanatory, the figure of Shakespeare is expansive rather than intensive, its purpose is to add to what you see (either on the stage or in your imagination) a reminder of that fascination of cleopatra which shaped her history and that of the world, and of that fascination being so

> strong that it prevails even in death.

इलियट के अनुसार दान्ते दृश्य को अत्यधिक सघनता तथा स्पष्टता के साथ अंकित करते हैं, तो शेक्सपियर की रुचि दृश्य को व्यापकता प्रदान करने में है। परन्तु क्या दृश्य को अत्यधिक स्पष्टता तथा सघनता से प्रस्तुत करना ही कविता का लक्ष्य है? इस सन्दर्भ में अरस्तू का निम्न वक्तव्य विचारणीय है :

> The reason of the delight in seeing the picture is that one is at the same time learning gathering the meaning of things.

यहाँ अरस्तू कविता के स्वरूप एवं लक्ष्य को एक साथ उद्घाटित कर रहे हैं। कविता जीवन का ऐसा आकर्षक चित्र है जो उसके अर्थ का उद्घाटन करता है। कविता प्रचार भी नहीं है और जीवन निरपेक्ष भी नहीं है। यहाँ अरस्तू कविता मात्र को परिभाषित कर रहे हैं, केवल कविता के एक प्रकार दार्शनिक कविता को नहीं। वस्तुतः दार्शनिक कविता अरस्तू के दृष्टि पथ में थी ही नहीं। दर्शन की भाँति कविता भी जीवन के सत्य का उद्घाटन करती है। परन्तु उसका स्वरूप तथा पद्धति दर्शन से भिन्न है। इसी कारण उन्होंने कविता को दर्शन के समकक्ष रखा है। दार्शनिक कविता इस अर्थ में प्रकृत कविता नहीं है। अरस्तू का मानना है कि कविता अधिक सुगमतापूर्वक एवं अधिक प्रभावशाली ढंग से जीवन के सत्य को हृदयंगम करा सकती है। इस प्रकार कविता एवं कला को समाज में सर्वोच्च स्थान प्रदान करने वाला शुद्ध सत्य की खोज में रत वैज्ञानिक दार्शनिक अरस्तू था न कि कवि हृदय दार्शनिक प्लेटो।

दान्ते की उपमा जीवन के एक दृश्य को अत्यधिक सूक्ष्मता एवं प्रभावशाली ढंग से प्रस्तुत करने में समर्थ है। परन्तु वह उसमें अन्तर्निहित अर्थ का बोध नहीं कराती। दान्ते सर्वोच्च श्रेणी के कवि हैं। उनकी 'डिवाइन कामेडी' जीवन के उच्चतम भावों का प्रकाशन करने में सक्षम है। परन्तु उनकी विशिष्ट प्रतिभा को व्यंजित करने वाली उपमाएँ भी जीवन के अर्थ को अभिव्यक्त नहीं करतीं।

शेक्सपियर के बिम्ब की विशेषता यह है कि वह दृश्य प्रभावशाली ढंग से अंकन करने के साथ-साथ अरस्तू के शब्दों में उसके अर्थ का भी बोध कराता है। क्लियोपेट्रा के आकर्षण की प्रबलता ही नहीं उसका समग्र चरित्र भी उद्घाटित हो रहा है। वह नाटक के आदि, मध्य एवं अन्त से सम्बद्ध है तथा नाटक के मूल उद्देश्य को भी प्रकाशित करता है। मेरी जानकारी में इतनी शक्तिशाली एवं संगठित मेधा शेक्सपियर एवं तुलसी को छोड़कर विश्व के किसी कवि में दृष्टिगोचर नहीं होती। सर्वाधिक महत्त्वपूर्ण तथ्य यह है कि यह तीव्र मेधा कविता के सौन्दर्य एवं प्रभाव में ही वृद्धि कर रही है। शेक्सपियर एवं तुलसी की विशिष्ट प्रतिभा को व्यंजित

करने वाले बिम्ब इसी प्रकार के हैं।

इतिहास में जो घटित हो चुका है, उसका वर्णन तथा विश्लेषण किया जाता है जबकि कविता में जो घटित हो सकता है उसका चित्रण किया जाता है। इसीलिए अरस्तू ने कविता को इतिहास की अपेक्षा अधिक दार्शनिक माना है। शेक्सपियर का साहित्य लगभग चार सौ वर्ष पूर्व रचा गया था परन्तु उसे आधुनिक युग का प्रतिबिम्ब माना जाता है। इस दृष्टि से शेक्सपियर विश्व के सभी कवियों में अग्रणी हैं।

अब शेक्सपियर के उक्त बिम्ब का अधिक विस्तार से अवलोकन किया जाए। इलियट ने माना है कि यह बिम्ब जितना दिखाई देता है उससे कहीं अधिक जटिल है। परन्तु उसमें क्लियोपेट्रा के प्रबल आकर्षण का उतना चित्रण नहीं है जितना उसमें कुछ जोड़ने का प्रयास। साथ ही वे यह भी कहते हैं कि उसका आकर्षण मृत्यु में भी उतना ही प्रभावी है। जादू वही है जो सिर पर चढ़ कर बोले। शेक्सपियर के प्रति पूर्वग्रह से ग्रस्त होने के कारण ही इस प्रकार की समीक्षा सम्भव हो सकी है। इस बिम्ब में toil तथा grace शब्द द्रष्टव्य हैं। मृत्यु में भी क्लियोपेट्रा का सुरुचिपूर्ण, परिष्कृत सौन्दर्य अपने जाल में एक दूसरे एण्टनी को आबद्ध करने में समर्थ है। कवि ने अत्यन्त उमंग, सहानुभूति व खिलाड़ी भावना से उसका चित्रण किया है। अन्त में क्लियोपेट्रा एण्टनी के प्रति गहन प्रेम से सिक्त हो जाती है। परन्तु उसका सौन्दर्य एवं प्रेम कृत्रिमता एवं जाल से पूरी तरह मुक्त नहीं हो पाता। कुल मिलाकर उसका प्रभाव एण्टनी तथा विश्व के लिए अशुभ ही है। साथ ही यह भी ध्वनित है कि यह जीवन का एक कठोर सत्य है जो भविष्य में भी दोहराया जाता रहेगा। ये बातें उपदेशात्मक ढंग से प्रस्तुत नहीं की गई हैं। आनन्दमूलक बिम्ब से ही यह अर्थछवियाँ ध्वनित हो रही हैं।

सच्चा प्रेम बाँधता नहीं मुक्त करता है। मुक्त करने वाले उच्चतम प्रेम की अभिव्यक्ति जूलियट के निम्नांकित कथन में द्रष्टव्य है :

> My bounty is as boundless as the sea,
> My love as deep; the more I give thee,
> The more I have, for both are infinite.

यहाँ कविता, नाटक और संगीत एकाकार हो गए हैं। यह तो इलियट ने भी माना है। परन्तु उनका ध्यान इस ओर नहीं गया है कि यहाँ बाधाओं पर विजय की पताका फहरा रही है। यहाँ कविता, नाटक, संगीत तथा दर्शन चारों एकाकार हो गए हैं। फिर भी यह संगीत नहीं, दर्शन नहीं सिर्फ नाट्य तत्त्व से भरपूर कविता है—साहित्य है। इतना तो मानना ही पड़ेगा कि बिना किसी दार्शनिक विचारधारा का सहारा लिए कविता को दर्शन की ऊँचाई तक पहुँचाने वाला एकमात्र कवि

शेक्सपियर ही है। अपने समय के काव्य नाटकों की विवेचना के पश्चात् अरस्तू ने काव्य नाटक के जो प्रतिमान स्थापित किए थे; उनकी पराकाष्ठा शेक्सपियर में दृष्टिगोचर होती है। यद्यपि उसने अरस्तू के काव्यशास्त्र के कई नियमों का उल्लंघन किया है। इस तथ्य से अरस्तू की असाधारण दार्शनिक तथा शेक्सपियर की विलक्षण काव्य प्रतिभा व्यंजित होती है।

दान्ते की तरह कालिदास की उपमाएँ भी दृश्य को रोचकता, सूक्ष्मता, सघनता तथा प्रभविष्णुता के साथ प्रस्तुत करती हैं। कालिदास के महान् काव्य में भारतीय दर्शन एवं संस्कृति की श्रेष्ठतम उपलब्धियाँ व्यंजित हुई हैं परन्तु उनकी उपमाएँ शेक्सपियर की भाँति परिस्थिति एवं चरित्र की विशेषताओं का उद्घाटन नहीं करतीं। दृश्य का मूल्यांकन नहीं करतीं, काव्य के उद्देश्य को ध्वनित नहीं करतीं, काव्य का अपरिहार्य अंग नहीं बन पातीं। आइए उनकी एक प्रतिनिधि एवं बेजोड़ उपमा का अवलोकन करें :

संचारिणी दीपशिखेव रात्रौ यं यं व्यतीयाय पतिवंरा सा।
नरेन्द्रमार्गाट्ट इव प्रपेदे विवर्ण भावं स स भूमिपालः।।

संस्कृत समीक्षकों ने इस उपमा की अत्यधिक प्रशंसा की है। उन्हें दीपशिखा वाला कालिदास कहकर सम्बोधित किया गया है। वस्तुतः असाधारण प्रतिभाशाली कवि ही ऐसे बिम्ब निर्मित कर सकता है। रात्रि के अन्धकार में, राजमार्ग में दीपशिखा लेकर चलते समय जिन भव्य प्रासादों पर दीपशिखा का प्रकाश पड़ता है उनका परिवर्धित सौन्दर्य मन्त्रमुग्ध कर देता है। उसी प्रकार स्वयंवर मण्डप में दीपशिखा की भाँति संचरण कर रही इन्दुमती जिस राजपुरुष के समक्ष एक क्षण के लिए खड़ी होती, उसका तन मन खिल उठता तथा उसके आगे बढ़ते ही उसका चेहरा निष्प्रभ हो जाता। परिदृश्य का बड़ा ही मनोरम, अतिशय भावात्मक एवं मनोवैज्ञानिक चित्र कालिदास अंकित करते हैं। यहाँ इन्दुमती के अतुलनीय सौन्दर्य एवं राजाओं पर उसके प्रभाव का अत्यधिक प्रभावशाली एवं आकर्षक चित्रण मिलता है।

पुष्पवाटिका में सीता के अनुपम सौन्दर्य का दर्शन कर राम वर्णनातीत आनन्द का अनुभव करते हैं। अनिमेष नयन सीता को देखते हुए मन ही मन कहते हैं :

सुन्दरता कहुँ सुन्दर करई। छविगृह दीपशिखा जनु बरई।

ऊपर से अत्यन्त सरल दिखने वाली यह उपमा अत्यन्त जटिल एवं गूढ़ है। यह अनेक आयामों पर एक साथ संचरण करती है। सर्वप्रथम यह एक वैज्ञानिक सत्य की अभिव्यक्ति करती है। दीपशिखा के प्रकाश में वस्तुएँ अधिक सुन्दर, अधिक परिष्कृत एवं अधिक मूल्यवान दिखती हैं। तभी तो वस्त्रों की बड़ी दुकानों

में ग्रीष्म के मध्याह्न में भी अनेक दीपशिखाएँ जगमगाती रहती हैं। नाटक दीपशिखा के प्रकाश में ही खेले जाते हैं। इसका दूसरा आयाम मनोवैज्ञानिक है। प्रेमी को प्रेमिका की उपस्थिति में पुष्पवाटिका और भी सुन्दर दिखाई पड़ती है तथा उसकी अनुपस्थिति में अद्वितीय सौन्दर्य से मण्डित वाटिका भी फीकी प्रतीत होती है। इसका तीसरा आयाम सामाजिक एवं आत्मिक एक साथ है। सीता का व्यक्तित्व, संवेदनशील व्यक्ति जिसका हृदय पहले से ही सुन्दर है, के हृदय में और भी सुन्दर भाव उत्पन्न करता है। कहते हैं नारी, नारी के सौन्दर्य पर मुग्ध नहीं होती परन्तु सुन्दरता को और भी सुन्दर बनाने वाली सीता अपवाद हैं—'रंगभूमि जब सिय पगु धारी। देखि रूप मोहे नर नारी।' रंगभूमि में नर और नारी दोनों ही मन्त्रमुग्ध होकर सीता को देख रहे हैं।

यह उपमा महाकाव्य के उद्देश्य से भी सम्बन्धित है। रामचरितमानस में सीता एवं राम के यश का अमृत के समान जल भरा हुआ है। स्पष्ट है कि यहाँ सीता के चरित्र की विशेषता का चित्रण महाकाव्य के मूल विषय से सम्बद्ध है। शेक्सपियर और तुलसी के बिम्ब व्यक्ति एवं विश्व को एक साथ प्रस्तुत करते हैं। विशिष्ट पात्र को विश्व के रंगमंच पर प्रस्तुत करते हुए उसका पर्यवसान प्रतिनिधि पात्र के रूप में कर देते हैं। गद्य लेखकों में यह प्रतिभा विश्व के सर्वश्रेष्ठ उपन्यासकार तोल्सतोय में है परन्तु मात्र एक बिम्ब के द्वारा इतना सब करने की क्षमता उनमें भी नहीं है। हजारीप्रसाद द्विवेदी के शब्दों में "जहाँ कविता करने के लिए तुलसीदास कवि की भाषा का प्रयोग करते हैं वहाँ वे अद्वितीय नजर आते हैं।"

शेक्सपियर मूलतः रोमाण्टिक था परन्तु रोमाण्टिक कवियों की दुर्बलताओं से मुक्त होने के कारण उसे सामान्यतः रोमाण्टिक कवियों की श्रेणी में नहीं रखा जाता। तुलसी मूलतः भक्त थे परन्तु समग्र जीवन के चितेरे होने के कारण अन्य भक्त कवियों से उनका व्यक्तित्व भिन्न था। फिर भी दो भिन्न व्यक्तित्वों के धनी इन दोनों कवियों की काव्य प्रतिभा एक जैसी है। दोनों के प्रतिनिधि बिम्ब व्यक्ति एवं विश्व को, काल एवं कालातीत को, आनन्द एवं सत्य को, अनुभूति एवं मेधा को, इतिहास एवं दर्शन को एक साथ प्रस्तुत करते हैं। दोनों की सत्य निष्ठा असन्दिग्ध है। दोनों भविष्य की ओर इंगित करते हैं।

तुलसीदास बहुत थोड़े शब्दों में अमित अर्थ भर देते हैं—'अरथु अमित अति आखर थोरे।' शेक्सपियर और कालिदास के उद्धृत अति प्रसिद्ध बिम्बों में 15 शब्दों का प्रयोग है परन्तु तुलसी के विख्यात बिम्ब में मात्र आठ शब्द प्रयुक्त हुए हैं। इस दृष्टि से कोई विश्व कवि तुलसी की बराबरी नहीं कर सकता। यह तुलसी की काव्य प्रतिभा की अनुपम विशेषता है।

अब तुलसी का एक दूसरा विशिष्ट बिम्ब देखिए। यहाँ भी मात्र 10 शब्दों में उपर्युक्त सारे तत्त्व विद्यमान हैं।

अस कहि कुटिल भई उठि ठाढ़ी। मानहुँ रोष तरंगिनि बाढ़ी।

यदि प्रातः मुनि का वेश धारण कर राम वन नहीं जाते तो मैं प्राण त्याग दूँगी तथा आपका अपयश सारे जगत् में व्याप्त हो जाएगा। यह बात राजन् आप मन में अच्छी तरह समझ लीजिए। ऐसा कहकर कैकेयी क्रोध के आवेश में उठकर खड़ी हो जाती है तो ऐसा प्रतीत होता है मानो क्रोध रूपी नदी में बाढ़ आ गई हो। उफनती हुई नदियों की विनाश लीला हम प्रतिवर्ष वर्षा ऋतु में देखते हैं। करोड़ों रुपए की फसल नष्ट हो जाती है। सहस्रों पशुओं के प्राण पखेरू उड़ जाते हैं। लाखों लोग बेघर हो जाते हैं। कैकेयी का यह क्रोध राजा दशरथ की ही मृत्यु का कारण नहीं बनता, सारे देश को शोक सागर में निमग्न कर देता है। यहाँ भी कवि की दृष्टि व्यष्टि एवं समष्टि पर एक साथ है। कैकेयी के क्रोध के स्वरूप का मूल्यांकन भी है। अन्धे क्रोध के सर्वग्रासी रूप का यह अत्यन्त सशक्त चित्र है। परन्तु यह ज्ञान, तर्क और उपदेश के द्वारा प्रसूत नहीं है, बिम्ब से ही यह व्यंजित होता है। कैकेयी के अस्थिर चरित्र का भी यह जीवन्त चित्र है। विनाश लीला के पश्चात् नदियाँ पुनः शान्त एवं संयत हो जाती हैं। इसी अयोध्याकाण्ड में मात्र दस शब्दों में कैकेयी के मर्मान्तक पश्चात्ताप का सशक्त चित्रण है :

अवनि जमनि जाँचति कैकेयी। महि न बीच बिधु मीच न देई।

उक्त बिम्ब केवल कैकेयी के चरित्र का ही उद्घाटन नहीं करता। वह महाकाव्य के एक अनिवार्य अंग से सम्बद्ध है जिसे निकाल देने पर महाकाव्य का कथानक ही खण्डित हो जाएगा। साथ ही कैकेयी के विशिष्ट चरित्र का पर्यवसान प्रतिनिधि पात्र के रूप में हो जाता है जो भविष्य के लिए भी दिशा निर्देश देता है। अरस्तू की दृष्टि से यहाँ भी इतिहास और दर्शन का संगम है।

तुलसीदास सर्वोच्च श्रेणी के भक्त, दार्शनिक एवं समाज सुधारक भी थे। उनकी भक्ति, कविता एवं दर्शन तीनों ही व्यक्ति एवं विश्व दोनों के कल्याण के लिए नियोजित हैं। उनके लिए वही वाणी, वही कीर्ति तथा वही ऐश्वर्य भले हैं जिनसे सबका हित होता है—'कीरति, भनिति, भूति भलि सोई। सुरसरि सम सब कहँ हित होई।' तुलसी के पास वाणी का ही ऐश्वर्य था तथा वह ऐश्वर्य गत चार शताब्दियों से मानव मात्र का हित कर रहा है। इसी कारण वे समाज सुधारक और लोकनायक माने जाते हैं।

चिन्तक के रूप में

चिन्तक के रूप में सर्वप्रथम उनके राज्य के लक्ष्य सम्बन्धी विचारों का अवलोकन करें। चित्रकूट से वापस लौटते समय भरत राम से निःसंकोच शिक्षा देने की प्रार्थना करते हैं। भरत के दीन एवं छलहीन वचन सुनकर राम एक दोहे में राजधर्म का

उपदेश देते हैं :

मुखिया मुख सो चाहिए, खान पान कहँ एक।
पालइ पोषइ सकल अंग तुलसी सहित विवेक।।

उपर्युक्त बिम्ब में निहित अमित अर्थों की ओर तुलसी स्वयं इंगित करते हैं। जिस प्रकार मन में अमित मनोरथ छिपे रहते हैं उसी प्रकार इस दोहे में अमित अर्थ समाए हुए हैं। राजधर्म का सर्वस्व इतना ही है—'राजधरम सरबस इतनोई। जिमि मन माँह मनोरथ गोई।'

अपने समय में उपलब्ध राजनीतिशास्त्र के सभी ग्रन्थों का तुलसी ने अध्ययन किया था। उन्हें यह पता था कि भविष्य में भी राजनीतिक दर्शन पर अनेक ग्रन्थों की रचना होगी। फिर भी तुलसी जोर देकर कहते हैं कि राजधर्म का सार इतना ही है। पश्चिम में भी गत 25 शताब्दियों में राजनीतिक दर्शन पर सैकड़ों ग्रन्थ लिखे गए हैं। इस दोहे में तुलसी अंग्रेजी के महान् कवि वर्ड्स्वर्थ की निम्न उक्ति चरितार्थ कर रहे हैं—Poetry is the essence of all knowledge.

सर्वप्रथम तुलसी की तीव्र मेधा का पता इसी बात से चलता है कि राष्ट्राध्यक्ष के लिए उन्होंने राजा के स्थान पर मुखिया शब्द का प्रयोग किया है। उन्होंने कल्पना की होगी कि भविष्य में राज्य या सरकार के अध्यक्षों को भिन्न नामों से पुकारा जा सकता है। मुखिया शब्द राजा, राष्ट्रपति अथवा प्रधानमन्त्री तीनों के लिए प्रयुक्त हो सकता है।

उन्होंने राज्य के लक्ष्य निरूपण के लिए शरीर का रूपक बाँधा है। खान-पान अकेला मुख ही करता है। परन्तु विवेक के साथ शरीर के सभी अंगों का पालन-पोषण करता है। इसका एक अर्थ तो यह है कि जनता से कर वसूलने का अधिकार तो केवल सरकार को ही है। दूसरा अर्थ यह हो सकता है कि सम्पत्ति पर राज्य का ही अधिकार है। तुलसी ने अन्यत्र लिखा भी है—'सम्पति सब रघुपति कै आही'। भरत घर जाकर विचार करते हैं कि नगर, घोड़े, हाथी, भवन और भण्डार सब रघुपति के ही हैं। यहाँ लोकतन्त्र तथा साम्यवाद दोनों के तत्त्वों का समावेश है। यहाँ ईशावास्य उपनिषद् के उस श्लोक की ओर संकेत है जिसमें कहा गया है—'मा गृधः कस्य स्विद् धनम'। यह धन किसका है? अर्थात् किसी का नहीं। अतः इस पर आसक्त नहीं होना चाहिए तथा उस विश्व रूप ईश्वर के साथ इसका त्याग के साथ भोग करना चाहिए—'तेन त्यक्तेन भुंजीथाः'। गाँधी जी का 'धरोहर का सिद्धान्त' इसी श्लोक पर आधारित है। साम्यवाद से इसका अन्तर यही है कि इसका आधार आध्यात्मिक है तथा इसमें हिंसा के स्थान पर लोकतान्त्रिक अनुशासन का सन्देश दिया गया है।

राम ने भरत को समाज के सम्पूर्ण अंगों का विवेक के साथ पालन-पोषण

करने की सलाह दी है। सबकी सहायता उनकी आवश्यकता के अनुसार करनी चाहिए। सैनिक, श्रमिक, कृषक, अधिकारी, व्यापारी तथा बुद्धिजीवी आदि समाज के सभी वर्गों का भरपूर विकास करने हेतु उनकी आवश्यकता के अनुसार समुचित सहायता करनी चाहिए। समाज के किसी वर्ग को दुर्बल वर्ग का शोषण करने की अनुमति नहीं दी जा सकती। राजा का यह विशेष कर्तव्य है इसीलिए अपने शासन में उन्होंने विषमता को विलुप्त कर दिया था–'राम प्रताप विषमता खोई'। क्योंकि विषमता की समाप्ति पर ही समता की स्थापना की जा सकती है। अपनी धर्मपत्नी से जनक जी भरत और राम की चारित्रिक विशेषताओं का उल्लेख करते हुए कहते हैं–'भरत अवधि सनेह ममता की। जद्यपि रामु सीम समता की'। राम समता की सीमा हैं, पराकाष्ठा हैं। गत वर्ष संयुक्त राष्ट्र संघ ने एक प्रस्ताव पारित कर राष्ट्रों से अधिक समतामूलक तथा न्यायसंगत व्यवस्था की ओर अग्रसर होने का अनुरोध किया था। इसी प्रकार का आग्रह पोप ने अपने अमेरिका प्रवास के समय किया था। भले ही विश्व से विषमता समाप्त न हुई हो परन्तु आज समस्त विश्व का लक्ष्य यही है तथा अत्यन्त मन्द गति से ही सही विश्व इसी दिशा की ओर जा रहा है। आज से सवा चार सौ वर्ष पहले इस विचार का सन्देश ही तुलसी के महान् चिन्तन का परिचायक है।

इस प्रकार के बिम्बों को दार्शनिक कविता के अन्तर्गत ही रखा जा सकता है। दार्शनिक कविता में विचारों को रूप प्रदान किया जाता है। इस प्रकार की दार्शनिक कविता विश्व के अनेक श्रेष्ठ कवियों ने की है जिनमें दान्ते, कबीर, तुलसी, मिल्टन, गेटे आदि प्रमुख हैं। परन्तु यहाँ यह नहीं भूलना चाहिए कि तुलसी को प्रकृत कविता तथा दार्शनिक कविता दोनों में महारत हासिल है। दार्शनिक कविता में भी तुलसी की मौलिकता असन्दिग्ध है। उन्होंने किसी विचार को ज्यों का त्यों स्वीकार नहीं किया है। किसी भी विचार को रूपान्तरित तथा परिष्कृत किए बिना उन्होंने चित्रित नहीं किया है। वे जितने महान् कवि हैं उतने ही महान् चिन्तक भी। विश्व स्तर के किसी भी कवि पर यह बात लागू नहीं होती। यहाँ यह विचारणीय है कि शेक्सपियर ने दार्शनिक कविता लिखी ही नहीं।

अब उनका काव्य सम्बन्धी मौलिक चिन्तन देखिए–'राम सीय जस सलिल सुधा सम। उपमा बीचि विलास मनोरम'। रामचरितमानस में सीता, राम के यश का अमृतोपम जल भरा हुआ है। उसमें उठने वाली लहरों का नर्तन ही उपमा अलंकार है। तुलसी उपमा एवं रूपक अलंकारों के सम्राट हैं। यहाँ एक सुन्दर बिम्ब के द्वारा काव्य एवं अलंकार का सम्बन्ध चित्रित किया गया है। यद्यपि भामह ने अलंकार को काव्य की आत्मा निरूपित किया था परन्तु परवर्ती आचार्यों ने उनके मत को स्वीकार नहीं किया। संस्कृत काव्यशास्त्र में अलंकारों को कविता का आभूषण ही माना गया है। जैसे आभूषण नारी के सौन्दर्य में वृद्धि करते हैं वैसे

ही अलंकार भावों के सौन्दर्य में वृद्धि करते हैं। यहाँ तुलसी संस्कृत काव्यशास्त्र के विपरीत अपना मत व्यक्त कर रहे हैं। जल और लहर भिन्न-भिन्न नामों से पुकारे जाते हैं परन्तु वास्तव में भिन्न नहीं हैं। उसी प्रकार भाव और अलंकार भिन्न-भिन्न नामों से अवश्य पुकारे जाते है परन्तु वस्तुतः वे एक ही हैं। जब भावों का उद्वेलन होता है, प्रतिभाशाली कवि अपनी कल्पना शक्ति से उपमाओं की झड़ी लगा देते हैं। इस प्रकार अलंकार काव्य के, कथ्य के अभिन्न अंग हैं। भाव और अलंकार दोनों मिलकर ही काव्य के कथ्य का निर्माण करते हैं। इनमें किसी एक के अभाव में काव्य का कथ्य अधूरा ही रहता है। अरस्तू के अनुसार कविता जीवन का ऐसा चित्र है जो उसके अर्थ का उद्घाटन करता है और यह कार्य रूपक अथवा उपमा से ही सम्पादित होता है। बीसवीं शताब्दी के दार्शनिक क्रोचे ने अलंकार को कविता का आभूषण नहीं माना है, उसे काव्य के कथ्य का अभिन्न अंग माना है। तुलसी और क्रोचे के काव्य सम्बन्धी विचारों में बहुत अन्तर है। परन्तु अलंकार के सम्बन्ध में दोनों के विचार एक जैसे हैं। एक और दृष्टि से दोनों के मतों में साम्यता है, दोनों ही कविता को भावावेश और स्थिरचित्तता का संगम मानते हैं और यह संगम विचारमग्नता के द्वारा ही सम्भव होता है।

> That is the magic of poetry; The union of calm and tumult; of passionate impulse with the controlling mind which controls by contemplating.

जिस समय राम सहज भाव से शिवजी का धनुष तोड़ने जा रहे हैं उस समय सीता जी की मनोदशा देखिए :

> लोचन जलु रह लोचन कोना। जैसे परम कृपन कर सोना।
> सकुची व्याकुलता बड़ि जानी। धरि धीरजु प्रतीति उर आनी।

सीता सोच रही हैं कि लाभ तथा हानि का विचार किए बिना पिता जी ने दारुण हठ ठान रखा है। भय के मारे सचिव उचित सम्मति नहीं दे रहे हैं। बुद्धिमानों की सभा में बड़ी अनुचित बात हो रही है। लज्जा के मारे सीता कुछ बोल नहीं पातीं। उनके नेत्रों से अश्रु आ जाते हैं परन्तु पूरी शक्ति से वे उन्हें गिरने से रोक देती हैं। तुलसी का काव्य सारे वर्गीकरणों को ध्वस्त कर देता है। वे न तो क्लासिकल हैं और न ही रोमाण्टिक। सीता की असह्य व्याकुलता तथा आत्मसंयम का बड़ा ही सशक्त एवं मार्मिक बिम्ब प्रस्तुत किया गया है। क्रोचे का उक्त कथन यहाँ साकार हो उठा है।

भारतीय काव्यशास्त्र के परिप्रेक्ष्य में तुलसी की कविता की परिभाषा का अनुशीलन करें–'वर्णानामर्थसन्धानाम रसानाम छन्द सामपि'। कविता, छन्द के

माध्यम से शब्दों, अर्थ-समूहों एवं रसों की सृष्टि करती है। भारतीय काव्यशास्त्र में रस की चर्चा तो बहुत अधिक है परन्तु रस की सृष्टि के लिए अर्थ-समूह आवश्यक है, इसका उल्लेख नहीं मिलता। आज से चार सौ वर्ष पूर्व अर्थछवियों के महत्त्व का उद्घाटन तुलसी के मौलिक चिन्तन का द्योतक है। पहले कहा जा चुका है कि अरस्तू के अनुसार कविता जीवन की ऐसी अनुकृति है–बिम्ब है जो उसके सत्य अथवा अर्थ का बोध कराती है। यही उससे प्राप्त आनन्द का प्रमुख कारण है। एक जमाने में राधेश्याम कथावाचक की रामायण तुलसी के रामचरितमानस के समान लोकप्रिय थी। आज उसका अतापता नहीं है। परन्तु रामचरितमानस अपने स्थान पर आसीन है। कुन्तक ने कहा है कि कविता में शब्द और अर्थ प्रतियोगी भाव से विद्यमान रहते हैं तथा एक-दूसरे के सौन्दर्य में अभिवृद्धि करते हैं। खेद है कि कुन्तक के इस अर्थगर्भित कथन पर गम्भीर चिन्तन नहीं हुआ। बीसवीं शती की अंग्रेजी समीक्षा में शब्द और अर्थ के सम्बन्ध पर गम्भीर विवेचन उपलब्ध है। अंग्रेजी साहित्य के इतिहास लेखक तथा समीक्षक डेविड डाएचेस के अनुसार कवि शब्दों का संयोजन इस प्रकार करता है कि अर्थ का निरन्तर विस्तार होता रहता है। शेक्सपियर, कबीर, तुलसी, मिल्टन, चेखव, प्रसाद, निराला के साहित्य की नित नवीन व्याख्याएँ इसीलिए सम्भव हो रही हैं। अभी हाल ही में शास्त्रीय गायिका नीलिमा भागवत ने कबीर के पदों को स्वरबद्ध किया है। उन्हें कबीर की रचनाओं में अस्तित्ववादी चिन्तन का बोध भी मिलता है। चेखव के जिन नाटकों को निराशावादी दर्शन का द्योतक माना जाता था उन्हें आज आशावाद का प्रेरक माना जाता है।

अन्त में तुलसी के आध्यात्मिक चिन्तन की बानगी भी देखी जाए। यहाँ विनय पत्रिका के एक प्रसिद्ध पद की दो पंक्तियाँ उद्धृत हैं :

सकल दृश्य निज उदर मेलि, सोवै निद्रा तजि जोगी।
सोई हरिपद अनुभवै परम सुख अतिशय द्वैत वियोगी।

अभी तक कोई टीकाकार इन पंक्तियों की सम्यक् व्याख्या नहीं कर सका है। गीता के सन्दर्भ में ही इनकी सही व्याख्या सम्भव है। बीसवीं शताब्दी के सर्वाधिक लोकप्रिय अमेरिकी कवि राबर्ट फ्रास्ट ने ठीक ही कहा है कि किसी श्रेष्ठ कवि की किसी रचना का सम्यक् अर्थ उसकी सम्पूर्ण रचनाओं का अध्ययन करने के पश्चात् विश्व के अन्य श्रेष्ठ कवियों की रचनाओं के आलोक में ही समझा जा सकता है।

अब मैं उक्त पंक्तियों से मिलते-जुलते गीता के तीन श्लोक उद्धृत करता हूँ :

या निशा सर्व भूतानां तस्यां जागर्ति संयमी।
यस्यां जाग्रति भूतानि सा निशा पश्यतो मुनेः। 2-69
यज्ज्ञात्वा न पुनर्मोहमेवं यास्यासि पाण्डव।
येन भूतान्यशेषेण द्रक्ष्यस्यात्मन्यथो मयि।4-35
ब्रह्म भूतः प्रसन्नात्मा न शोचति न काङ्क्षति।
समः सर्वेषु भूतेषु मद्भक्तिं लभते परांम।।18-54

सम्पूर्ण प्राणियों की जो रात है उसमें योगी जागता है और जिसमें जीवधारी जागते हैं वह मुनि की दृष्टि में रात है।

जिसे जानने के पश्चात् तू इस प्रकार मोह से ग्रस्त नहीं होगा तथा हे अर्जुन जिस ज्ञान से तू सम्पूर्ण प्राणियों को निःशेष भाव से पहले आत्मा में और उसके पश्चात् मुझमें देखेगा।

ब्रह्म सदृश सदा प्रसन्न रहने वाला योगी न तो शोक करता है और न कोई आकांक्षा रखता है। समस्त प्राणियों के प्रति समभाव रखने वाले योगी को मेरी परा या सर्वोच्च भक्ति प्राप्त होती है।

पहले श्लोक का भाव विनय पत्रिका की इस पंक्ति से व्यक्त हो जाता है 'राम कृपा भव निशा सिरानी, जागे फिर न डसैहौं'। मानव ईश्वर से विमुख, मानवीय करुणा एवं प्रेम से रिक्त, अज्ञान के अन्धकार में लिपटा हुआ केवल भोग विलास में लिप्त है। इसी संसार रूपी रात्रि में योगी जागता है अर्थात् अज्ञान के अन्धकार से मुक्त संयमी ईश्वर प्रेम तथा मानव प्रेम जैसे उच्चभावों में आकण्ठ डूबा रहता है। सांसारिक दिन में मानव सभी प्रकार के उचित-अनुचित साधनों से धन संचय में रत रहता है। पर धन, परदारा के शोषण में उसे आनन्द आता है। इसी कारण सामान्य मनुष्यों का दिन योगी के लिए रात्रि के समान है।

गीता के उपर्युक्त तीनों श्लोकों का भाव विनय पत्रिका की उक्त दो पंक्तियों में अभिव्यक्त हो गया है। सारे दृश्यमान संसार से एकाकार होकर योगी निद्रा त्याग कर सोता है। भोग विलास रूपी निद्रा से मुक्त होकर, स्वार्थ का परित्याग कर अपनी संवेदना का असीम प्रसार कर योगी गहरी नींद सोता है। अर्थात् सच्चे अमिश्र आनन्द का अनुभव करता है। एक दूसरे पद में तुलसी कहते हैं कि वेदों की विमल वाणी ने संसार से मुक्त होने के अनेक उपाय बताए हैं परन्तु उन समस्त उपायों का अनुसरण करने पर भी जीव को तब तक कहीं भी सुख नहीं मिल सकता जब तक उसके मन में अपने-पराए का भाव विद्यमान है। इसलिए सारे दृश्यमान जगत् को पेट में डालने का तात्पर्य सम्पूर्ण जीवधारियों से अनन्य अनुराग ही है। गीता के चौथे अध्याय के 35 वें श्लोक में श्रीकृष्ण ने साफ कहा है कि तत्त्वज्ञानी पहले अपनी आत्मा में सम्पूर्ण प्राणियों को देखता है तत्पश्चात् मुझमें सम्पूर्ण प्राणियों

को देखता है। अर्थात् सम्पूर्ण जीवधारियों से एकात्म होने के पश्चात् ही ईश्वर तक पहुँचने का मार्ग प्रशस्त होता है। गीता के अधिकांश प्रवचनकर्ता गीता के इसी चरम ज्ञान की उपेक्षा करते हैं। इसी ज्ञान के पश्चात् हम मोह से मुक्त होते हैं तथा ईश्वर में समस्त प्राणियों को देखते हैं। श्रीकृष्ण ने निःशेष भाव पर जोर दिया है। अर्थात् समस्त जीवधारियों से अशेष प्रेम ही सच्चा आध्यात्मिक ज्ञान है। सारी तपस्या और अभ्यास इसी चरम ज्ञान की प्राप्ति का साधन है। इसी से तुलसी ने कहा है कि–'सीय राममय सब जग जानी। करउँ प्रणाम जोरि जुग पानी'। तथा कबीर ने कहा है–'कस्तूरी कुण्डलि बसै, मृग ढूँढ़ै वन माँहि। ऐसे घटि-घटि राम हैं दुनिया देखे नाहिं'। समस्त जीवधारियों से प्रेम कर ही हम चिन्ता से मुक्त हो सकते हैं एवं व्यक्तिगत आकांक्षाओं से ऊपर उठ सकते हैं। आगे चलकर 18 वें अध्याय के 54 वें श्लोक में श्रीकृष्ण कहते हैं कि मेरी परम भक्ति उसे ही प्राप्त होती है जो सब प्राणियों को समभाव से देखता है। ऐसा व्यक्ति ब्रह्म सदृश है। पाँचवें अध्याय के 19 वें श्लोक में योगेश्वर कहते हैं जिनका मन समभाव में स्थित है वे इसी जीवन में सम्पूर्ण संसार पर विजय प्राप्त कर लेते हैं और ब्रह्म में स्थित हैं क्योंकि ब्रह्म निर्दोष और सम है। यह सारा प्रसंग 'सकल दृश्य निज उदर मेलि सोवै निद्रा तजि योगी' में अभिव्यंजित है। विरोधाभास अलंकार इसे व्यक्त करने का सशक्त माध्यम है। दूसरी पंक्ति में तुलसी कहते हैं जिसने अपने पराए का भाव आत्यन्तिक रूप से त्याग दिया है उसे ही हरि भक्ति प्रसूत परमानन्द प्राप्त होता है–'गई न निज पर बुद्धि, शुद्ध व्है रहे न राम लय लाए'। निज पर बुद्धि का परित्याग करने से आत्मा शुद्ध होती है–'निर्दोषं हि समं ब्रह्म'। यह सम भाव किसी बुद्ध, किसी तुलसी, किसी कबीर, किसी नानक तथा किसी गाँधी में ही दिखाई पड़ता है। तभी तो तुलसी ने लिखा है–'देव, दनुज, मुनि, नाग मनुज सब माया विबस विचारे। तिनके हाथ दास तुलसी प्रभु कहा अपनपौ हारे'। इस प्रकार हम देखते हैं कि गीता के अनेक श्लोकों का भाव तुलसी की उपर्युक्त दो पंक्तियों में समाया हुआ है–'अरथु अमित अति आखर थोरे'। साथ ही शब्द और अर्थ का परिष्कार भी द्रष्टव्य है। अद्वैत की यह सम्यक् व्याख्या तुलसी के तीन सौ वर्ष बाद विवेकानन्द में ही दृष्टिगत होती है।

हिन्दू धर्म और दर्शन में ब्रह्म के निराकार एवं साकार दो रूप माने गए हैं। एक सार्थक एवं प्रभावी बिम्ब द्वारा इनके स्वरूप का तुलसी ने इस प्रकार चित्रण किया है कि किसी भी धर्म के विवेकशील अनुयायी को आपत्ति नहीं होगी।

एक दारुगत देखिअ एकू। पावक सम जुग ब्रह्म विवेकू।

अग्नि का एक रूप काठ में अन्तर्निहित है। दूसरे रूप को हम प्रज्वलित लौ के रूप में देखते हैं। निराकार ब्रह्म की अनन्त शक्ति एवं ज्योति ब्रह्माण्ड में

अगोचर रूप से विद्यमान रहती है। उसकी सत्ता की हम गहन अनुभूति कर सकते हैं। राम, कृष्ण, बुद्ध, ईसा, मुहम्मद एवं नानक उसी ज्योति के गोचर रूप हैं। हिन्दू राम एवं कृष्ण को प्रभु मानते हैं। ईसाई ईसा को ईश्वर का पुत्र एवं अपना स्वामी मानते हैं–My lord and my God यहाँ ईसा को lord एवं ईश्वर को God कहा गया है। अतः हिन्दू एवं ईसाई धर्म में ब्रह्म के इन दोनों रूपों में कोई तात्विक अन्तर दिखाई नहीं पड़ता। यदि ईश्वर अपने पुत्र को विश्व में भेज सकता है तो वह स्वयं भी मानव रूप में आ सकता है। इस्लाम धर्म के उपासक मुहम्मद साहब को ईश्वर का पैगम्बर मानते हैं। उनका पुत्र अथवा अवतार नहीं। वे अल्लाह के अतिरिक्त किसी की पूजा को उचित नहीं मानते। एक दृष्टि से यह सर्वाधिक वैज्ञानिक है क्योंकि इससे किसी ईश्वरेतर सत्ता की उपासना सम्भव नहीं हो सकती। मुहम्मद को ईश्वर का अवतार न मानने पर भी इस्लाम के उपासक उनका बहुत आदर करते हैं तथा उनके बिना इस्लाम की कल्पना नहीं की जा सकती। तुलसी की दृष्टि से मुहम्मद साहब भी ब्रह्म की ज्योति के ही प्रतीक हैं। तुलसी भी ईश्वर या अल्लाह के अतिरिक्त किसी अन्य देवता के सम्मुख समर्पण नहीं करना चाहते क्योंकि जैसा पहले उल्लेख किया जा चुका है उनकी दृष्टि में सभी देवता माया-बिबस हैं। उन्होंने ब्रह्म को राम के नाम से पुकारा है। इसमें किसी धर्मावलम्बी को आपत्ति नहीं है। इस्लाम के उपासक राम के साकार रूप पर आपत्ति कर सकते हैं। इस प्रश्न पर आगे विचार किया जाएगा।

तुलसी ने ब्रह्म के साकार रूप पर इतना जोर दिया है? इस पर गम्भीरतापूर्वक विचार करना चाहिए। जब तक हम धर्म के सिद्धान्तों को जीवन में नहीं उतारते तब तक उनका कोई अर्थ नहीं है।

राम, बुद्ध, ईसा और मुहम्मद की प्रेरणा से करोड़ों व्यक्ति धर्म, आध्यात्मिकता एवं नैतिकता की ओर अग्रसर हो रहे हैं। इसी कारण उन्होंने साकार रूप पर जोर दिया है। वे बार-बार स्पष्ट करते हैं कि राम मानव नहीं हैं, केवल लीला कर रहे हैं अथवा मानव के सम्मुख आदर्श चरित्र की झाँकी प्रस्तुत कर रहे हैं। सामान्य धारणा यह है कि ब्रह्म के निराकार रूप की उपासना कठिन है तथा साकार रूप की सरल। तुलसी की मौलिकता यह है कि उन्होंने इसका जोरदार खण्डन किया है :

निर्गुण रूप सुलभ अति सगुण जान नहीं कोउ।
सुगम अगम नाना चरित सुनि मुनि मन भ्रम होइ॥

तुलसी कहते हैं कि सगुण रूप को कोई नहीं जानता। जीवन के कठिन प्रसंगों पर धर्म का आचरण किस प्रकार करना चाहिए; यही ज्वलन्त प्रश्न है। इसमें बड़े-बड़े चूक जाते हैं। इसी कारण तुलसी ने ब्रह्म के साकार रूप पर जोर दिया

है। इन महापुरुषों से प्रेरणा लेकर हमें भी आध्यात्मिक, नैतिक जीवन व्यतीत करने की चेष्टा करनी चाहिए। इस पर भी यदि किसी को आपत्ति है तो तुलसी कहते हैं कि ईश्वर का नाम जप आवश्यक है। चाहे हम साकार रूप के उपासक हों अथवा निराकार रूप के। तुलसी की धार्मिक मान्यता अत्यन्त उदार एवं बहुलवादी है। उन्होंने ईश्वर के नाम को निर्गुण एवं सगुण दोनों से बड़ा बताया है :

निरगुन से एहि भाँति बड़ नाम प्रभाउ अपार।
कहउँ नाम बड़ राम तें निज विचार अनुसार।

ईश्वर का नाम ही मानव जीवन का अन्तिम सत्य है उसे चाहे ब्रह्म, ईश्वर, अल्लाह, गॉड, राम जिस नाम से पुकारें। इस प्रकार हम देखते हैं कि सर्वधर्म समभाव की भावना तुलसी के साहित्य में सर्वाधिक है।

सत्य, चैतन्य एवं आनन्द का समवेत अविनाशी परमेश्वर सब के हृदय में विद्यमान है फिर भी संसार के सम्पूर्ण प्राणी दुःखी हैं। एक अन्य प्रभावी बिम्ब के द्वारा तुलसी समाधान भी प्रस्तुत करते हैं–'नाम निरूपण नाम जतन से। सोउ प्रकटत निमि मोल रतन से।' नाम की महिमा भली-भाँति समझने से तथा श्रद्धापूर्वक ईश्वर का नाम लेने से हृदय में परमात्मा उसी प्रकार प्रकट हो जाएगा जैसे रत्न का नाम एवं महत्त्व जानने से उसका मूल्य। अज्ञानी व्यक्ति हीरे को पत्थर समझ कर फेंक देगा। परन्तु उसे यदि हीरा नाम की महिमा समझा दी जाए तो वह उसको कभी नहीं छोड़ेगा। आथेलो के लिए शेक्सपियर ने कहा है–'Threw away a pearl in ignorance.'

अपनी अज्ञानता के कारण आथेलो मोती जैसी डेस्डेमोना को खो देता है। इसी प्रकार ईश्वर के नाम की महिमा समझ लेने तथा उसका निरन्तर स्मरण करने से उस ईश्वरीय शक्ति का हमें बोध हो जाएगा तथा हम दुःख एवं दीनता से मुक्त होकर आत्म गौरव एवं आनन्द से परिपूर्ण हो जाएँगे।

अब प्रश्न यह है कि तुलसी ईश्वर के नाम को अन्तिम सत्य क्यों मानते हैं? रामचरितमानस में वे बार-बार दुहराते हैं कि राम विश्वरूप एवं सत्य सन्ध हैं। वे यह भी कहते हैं कि वे समता की सीमा हैं। विश्व में प्राणी मात्र को समान समझना, समस्त जीवधारियों के कल्याण की भावना से प्रेरित होना तथा सत्य की उपासना करना ही तो मानव का परम आदर्श है। इसीलिए तुलसी राम भक्ति यानी ईश्वर भक्ति को जीवन का चरम पुरुषार्थ मानते हैं। वेदों में भी इसे ही चरम पुरुषार्थ माना गया है। अब प्रश्न यह है कि राम कहाँ मिलेंगे–बैकुण्ठ में, क्षीर सागर में, मन्दिर में, मस्जिद में, गिरजाघर या गुरुद्वारे में। तुलसी कहते हैं :

हरि व्यापक सर्वत्र समाना। प्रेम ते प्रकट होहिं मैं जाना।

भगवान सब स्थानों पर समान रूप से विद्यमान हैं। इसलिए हम कहीं भी और कभी भी प्रेम से उनका स्मरण कर उन्हें प्राप्त कर सकते हैं। उन्हें प्राप्त करने का एकमात्र साधन है निश्चल प्रेम। हम ईश्वर को न ज्ञान से, न योग से, न यज्ञ से, न धन से, न तप से प्राप्त कर सकते हैं। जो जानना चाहते हैं वे जान लें :

रामहिं केवल प्रेमु पियारा। जान लेउ जो जाननि हारा।

उमा जोग जप दान तप नाना मख व्रत नेम।
राम कृपा नहिं करहिं तसि जस निष्केवल प्रेम।

तुलसी का समता सिद्धान्त

(राम प्रताप विषमता खोई)

गोस्वामी तुलसीदास, शेक्सपियर, दान्ते एवं गेटे की भाँति विश्व की आधुनिक भाषाओं के अन्यतम कवि हैं। वे कदाचित विश्व के ऐसे प्रथम कवि हैं जिनके महाकाव्य का उद्देश्य विषमता की समाप्ति है। इस दृष्टि से बीसवीं सदी के कवि भी उनसे पीछे ही हैं।

सर्वप्रथम यह स्पष्ट करना आवश्यक है कि तुलसी किसी वाद के प्रचारक नहीं हैं। वे एक महान् स्रष्टा हैं। भरत की वाणी के माध्यम से उन्होंने स्वयं ही महान काव्य के वैशिष्ट्य की ओर इंगित कर दिया है :

सुगम अगम मृदु मंजु कठोरे।
अरथु अमित अति आखर थोरे।
ज्यों मुख मुकुरु, मुकुरु निज पानी।
गहि न जाय अस अद्भुत बानी।

बीसवीं शती के सर्वाधिक विख्यात कवि इलियट ने कहा है कि महान् काव्य का प्रभाव तत्काल पड़ता है यद्यपि उसका अर्थ धीरे-धीरे ही समझ में आता है। इसी बात को तुलसी ने अधिक काव्यात्मक ढंग से कहा है। हम दर्पण हाथ में लेकर अपनी छवि घण्टों निहारा करते हैं। दर्पण के प्रतिबिम्ब की भाँति काव्य अत्यन्त स्पष्ट एवं मनोमुग्धकारी होता है परन्तु उसे पकड़ पाना असम्भव है। साथ ही उसमें अत्यन्त थोड़े शब्दों में असीम अर्थ भरे रहते हैं। वह जितना अधिक सरल होता है उतना ही अधिक गूढ़ भी। इस दृष्टि से उनकी तुलना केवल शेक्सपियर से ही हो सकती है। महाकवि ने स्वयं संकेत दिया है कि उनके काव्य की एकांगी

व्याख्या उचित नहीं होगी।

केवल महान् कवि ही नहीं, कोई भी महापुरुष अपने काल की सीमा का सर्वांशतः उल्लंघन नहीं कर सकता। अतः सर्वोच्च काव्य का सन्देश दो स्तरों पर संचरित होता है। वह काल के माध्यम से ही कालातीत को ध्वनित करता है। जो कवि केवल कालातीत की बात करते हैं वे निष्प्राण अथवा अलंकृत काव्य की रचना करते हैं। तुलसी ने मुख्यतः अपने युग को ही सम्बोधित किया है। परन्तु वे अच्छी तरह जानते हैं कि उनका काव्य युग-युग को प्रेरित करता रहेगा।

तुलसी अपने मत पर पर्वत की तरह अटल हैं परन्तु महान् लोकतन्त्रवादी होने के कारण भविष्य में वे सत्य की नई व्याख्या की सम्भावना को भी रेखांकित करते हैं। वे कहते हैं कि सामान्य जन अथवा ज्ञानियों को मेरे द्वारा वर्णित राम कथा को पढ़कर आश्चर्य नहीं करना चाहिए क्योंकि 'हरिचरित' सीमाहीन है तथा प्रत्येक काल में मनीषी इस चरित की नए ढंग से व्याख्या करते हैं। तुलसी के शक्तिशाली व्यक्तित्व की यह एक अन्यतम विशेषता है। वे इस वैदिक सत्य की उद्घोषणा कर रहे हैं—एकं सत बहुधा विप्रा वदन्ति।

आचार्य हजारीप्रसाद द्विवेदी के अनुसार तुलसी का काव्य समन्वय की एक विराट चेष्टा है। परन्तु इसके लिए उन्हें कुछ झुकना भी पड़ा है। मैं समझता हूँ कि तुलसी ने बिना झुके ही सत्य की व्यापक तथा बहुपक्षीय अभिव्यक्ति की है। जादू वही है जो सिर पर चढ़कर बोले। तुलसी आचार्य द्विवेदी के प्रिय कवि नहीं हैं परन्तु निष्कर्षतः उन्हें कहना पड़ा है कि 'सब ओर से समता की रक्षा करते हुए उन्होंने एक अद्वितीय काव्य की रचना की है जो अब तक उत्तर भारत का मार्गदर्शक रहा है और उस दिन भी रहेगा जिस दिन नवीन भारत का जन्म हो गया होगा।'

नवीन भारत का जन्म हो चुका है तथा हमें यह देखना है कि उनका काव्य किस प्रकार हमारा मार्गदर्शन कर रहा है और कर सकता है। ऊपर कहा जा चुका है कि समता की स्थापना तुलसी के काव्य का प्रमुख लक्ष्य है। अरस्तू के अनुसार ट्रेजडी एक ऐसे कार्य की अनुकृति है जो अपने आप में सम्पूर्ण होता है तथा सम्पूर्ण आदि, मध्य एवं अन्त से युक्त होता है। ये तीनों भाग एक-दूसरे के सौन्दर्य एवं अर्थ में अभिवृद्धि करते हैं तथा तीनों मिलकर काव्य के मूल उद्देश्य को प्रकाशित करते हैं। यदि कोई भाग काव्य के प्रतिपाद्य की अभिव्यक्ति में सहायक नहीं है तो वह सम्पूर्ण का अनिवार्य अंग नहीं माना जा सकता। कथावस्तु का यह तत्त्व काव्य के मौलिक स्वरूप का विधायक है एवं काव्यजन्य आनन्द का प्रधान स्रोत है। तुलसी अरस्तू के काव्यशास्त्र से परिचित नहीं थे। परन्तु उन्होंने कहा है :

जेहि मँहुँ आदि मध्य अवसाना। प्रभु पतिपाद्य राम भगवाना।

तुलसी की राम कथा में एक ही सम्पूर्ण कार्य का चित्रण है। कथा के आदि में ही वे कहते हैं कि यद्यपि इसमें कवित्व रस किंचित भी नहीं है परन्तु राम का प्रताप अवश्य ही प्रकट है :

जदपि कवित रस एकउ नाहीं। राम प्रताप प्रकट एहि माँहीं।

कथा के अन्तिम भाग में तुलसी कहते हैं :

बयरु न कर काहू सन कोई। राम प्रताप विषमता खोई।

तथा कथा के मध्य भाग (अयोध्या काण्ड) में राम एवं भरत के चरित्र का विश्लेषण करते हुए जनक कहते हैं :

भरतु अवधि सनेह ममता की। जद्यपि रामु सीम समता की।

राम समता की सीमा हैं तथा उनके प्रताप से राम राज्य में विषमता विलुप्त हो गई है। स्पष्ट है कि समता की पराकाष्ठा ही राम राज्य का प्रधान लक्ष्य है। जिसे तुलसी ने अत्यन्त कलात्मक ढंग से प्रस्तुत किया है। यह कलात्मकता उनकी प्रबल मेधा का भी द्योतक है।

आधुनिक भारत के प्रख्यात समाजवादी विचारक डॉ. राममनोहर लोहिया ने कहा है कि शासन के सर्वोच्च अधिकारी तथा कनिष्ठतम कर्मचारी के वेतन का अनुपात 10:1 होना चाहिए। दोनों के वेतन में इससे अधिक अन्तर नहीं होना चाहिए। तुलसी के अनुसार दोनों के वेतन में कोई अन्तर नहीं होना चाहिए। वे पूर्ण आर्थिक समानता के पक्षधर थे। सीता-राम विवाह के समय जनक के भवन को विशेष रूप से सँवारा गया था। रत्नजड़ित मण्डप की शोभा शब्दातीत थी। तुलसी कहते हैं कि जनक के राज्य के प्रत्येक नगर का प्रत्येक गृह राजप्रासाद जैसा ही भव्य था। कहीं यह भ्रम न हो जाए कि सवर्णों के गृह ही इतने आकर्षक एवं सुसज्जित थे, उन्होंने आगे लिखा है कि निम्नवर्ण नागरिक के घर की सम्पन्नता एवं सौन्दर्य पर देवराज इन्द्र मुग्ध थे :

जनक भवन कै शोभा जैसी। गृह गृह प्रीति पुर देखिअ तैसी।
जो सम्पदा नीच गृह सोहा। सो बिलोकि सुर नायक मोहा॥

कहा जा सकता है कि इस लक्ष्य की प्राप्ति असम्भव है और तुलसी मात्र एक स्वप्न द्रष्टा थे। पश्चिम का सर्वश्रेष्ठ विचारक प्लेटो भी एक स्वप्न द्रष्टा ही था। परन्तु इससे तुलसी की सदाशयता एवं मानव मात्र के प्रति अगाध अनुराग तो व्यंजित हुआ ही है। आर्थिक उन्नति के द्वारा ही दलितों के जीवन को गरिमा प्राप्त हो सकती है। सर्वहारा का कोई भी समर्थक, उनके पक्ष में इस सीमा तक

नहीं गया है। सरयू का राजघाट हर दृष्टि से सुन्दर और श्रेष्ठ है। चारों वर्णों के व्यक्ति वहीं स्नान करते हैं। स्वयं राम अपने अनुजों के साथ वहाँ स्नान करते हैं तभी तो तुलसी ने कहा है–'जद्यपि रामु सीम समता की।' राम राज्य में कोई दीन, दुखी, दरिद्र और अशिक्षित नहीं है। सभी गुणवान, धर्मरत, पण्डित और ज्ञानी हैं :

नहिं दरिद्र कोउ दुखी न दीना। नहिं कोउ अबुध न लच्छन हीना।
सब गुनग्य पण्डित सब ज्ञानी। सब कृतज्ञ नहिं कपट सयानी।

कोई किसी से शत्रुता नहीं रखता तथा सब एक-दूसरे से प्रेम करते हैं। चित्रकूट से दक्षिण की ओर जाते समय मार्ग में राक्षसों द्वारा खाए गए मुनियों के अस्थि समूह को देखकर राम दुःख से अभिभूत हो जाते हैं तथा उनके नेत्रों में अश्रु छलक आते हैं। वे भुजा उठाकर प्रतिज्ञा करते हैं कि मैं पृथ्वी को निशाचरों से रहित कर दूँगा। सीता हरण से पहले ही वे यह संकल्प करते हैं तथा सीता से कहते हैं कि जब तक मैं निशाचरों का नाश करूँ तुम पावक में निवास करो।

अब प्रश्न उठता है कि निशाचर कौन हैं? :

बाढ़े खल बहु चोर जुआरा। जे लम्पट पर धन पर दारा।
मानहिं मातु पिता नहिं देवा। साधुन्ह सन करवावहिं सेवा।
जिन्ह के यह आचरन भवानी। ते जानेहु निसिचर सब प्राणी।

क्या आर्थिक शोषण और यौन शोषण ही आज भारत की सर्वप्रमुख समस्या नहीं है? क्या आज दुर्जनों द्वारा सज्जनों को प्रताड़ित, तिरस्कृत एवं अपमानित नहीं किया जाता? तुलसी के अनुसार निशाचर केवल लंका में नहीं रहते। उनकी लंका प्रतीकात्मक है। वे उत्तर में भी हैं। तुलसी का मानस दो भिन्न संस्कृतियों के युद्ध की कहानी नहीं है। एक ही संस्कृति के अन्दर उत्पन्न कलुष के विध्वंस की कहानी है। निशाचर सभी धर्मों, संस्कृतियों एवं समाजों में हैं। मनुष्यों के हृदयों में हैं। अपने अन्दर के एवं अपनी संस्कृति के निशाचरों को समाप्त कर हम अपने देश व विश्व की सच्ची सेवा कर सकते हैं।

निशाचर दृढ़तापूर्वक सबके जीवन में हस्तक्षेप करते हैं–'हठि सबहीं के पन्थहि लागा।' हिंसा से उन्हें अत्यधिक प्रेम है तथा वे घोर अनीति में रत हैं। क्या आज शक्तिशाली राष्ट्र दुर्बल राष्ट्रों के जीवन में हस्तक्षेप नहीं कर रहे। एक ही राष्ट्र के अन्दर शक्तिशाली वर्ग क्या दुर्बल वर्ग के जीवन में हस्तक्षेप नहीं करते? उनके अनवरत शोषण में संलग्न नहीं हैं?

तुलसी किसी अन्य संस्कृति से संघर्ष करने की बात नहीं करते। वे भारतीयों को विशेष रूप से हिन्दुओं को अपनी ही संस्कृति को शुद्ध कर उसके उन्नयन

का सन्देश देते हैं। विश्व में विभिन्न धर्म, विभिन्न संस्कृतियाँ हैं। यदि वे आत्म चिन्तन, आत्म संघर्ष के पश्चात् अपने सांस्कृतिक विकास में संलग्न हों तभी विश्व में शान्ति स्थापित हो सकती है। तुलसी सच्चे अर्थों में विश्व शान्ति के मसीहा हैं। बीसवीं शताब्दी के अतुलनीय शान्तिदूत महात्मा गाँधी पर रामचरितमानस और गीता का ही सर्वाधिक प्रभाव है। वैसे भी रामचरितमानस गीता का ही काव्य रूपान्तरण है।

शेक्सपियर से अधिक अंग्रेज कोई नहीं है परन्तु उससे अधिक सार्वभौम भी कोई नहीं है। ठीक यही बात तुलसी के विषय में कही जा सकती है। उनसे अधिक हिन्दू, उनसे अधिक भारतीय कोई नहीं है परन्तु उनसे अधिक सार्वभौम भी कोई नहीं है। 'अनबूड़े बूड़े, तरे जे बूड़े सब अंग।' सभी महान् संस्कृतियाँ सत्य पर ही आधारित हैं। अपनी संस्कृति के उज्ज्वलतम् को आत्मसात कर हम सार्वभौम हो जाते हैं। सच्ची वैश्विक दृष्टि प्राप्त करने का कोई अन्य मार्ग नहीं है।

प्रत्येक महान् कवि की अपनी विश्व दृष्टि होती है। गीता की विश्व दृष्टि को तुलसी ने आत्मसात किया है। गीता में भगवान कृष्ण ने सभी जीवधारियों के प्रति सम भाव रखने का सन्देश दिया है। पण्डित वही है जो विद्या विनय सम्पन्न ब्राह्मण, गाय, हाथी, कुत्ते और चाण्डाल को सम भाव से देखता है :

विद्या विनय सम्पन्ने ब्राह्मणे गवि हस्तिनि
शुनि चैव श्वपाके च पण्डिताः समदर्शिनः।

जिसका मन सम भाव में स्थित है वह इसी जीवन में संसार को जीत लेता है तथा ब्रह्म में स्थित रहता है क्योंकि ब्रह्म निर्दोष एवं सम है :

इदैव तैर्जितः सर्गो येवां साम्ये स्थितं मनः
निर्दोषं हि समं ब्रह्म तस्मादब्रह्मणि ते स्थिताः।

तुंलसी विनय पत्रिका में कहते हैं :

सकल दृश्य निज उदर मेलि सोवै निद्रा तजि जोगी।
सोइ हरि पद अनुभवै परम सुख अतिशय द्वैत वियोगी।

सम्पूर्ण दृश्यमान संसार से तादात्म्य स्थापित कर, अपने-पराए की भावना से पूर्णतः मुक्त होकर ही हम हरि सम्पर्क का परम आनन्द प्राप्त कर सकते हैं। विनय पत्रिका के एक अन्य पद में वे लिखते हैं :

गई न जिन पर बुद्धि, शुद्ध ह्वै रहे न राम लयलाए।
तुलसिदास यह अवसर बीते का पुनि के पछिताए।

मानव जीवन का सुअवसर हमें इसीलिए प्राप्त हुआ है कि हम अपने-पराए की भावना का आत्यन्तिक रूप से परित्याग कर अपनी आत्मा को शुद्ध करें तथा ईश्वर प्रेम में लीन हों अन्यथा जीवन के अन्त में पश्चात्ताप के सिवा कुछ शेष नहीं रह जाएगा। सबको अपने जैसा समझने पर ही हमें ईश्वर की भक्ति तथा सर्वोच्च आनन्द प्राप्त होगा।

गीता में भगवान कृष्ण कहते हैं कि गुणों और कर्मों के आधार पर मैंने समस्त मानव जाति को चार वर्णों में विभाजित किया है परन्तु पण्डित वही है जो सबको सम भाव से देखता है। गीता में वर्ण से आशय वर्ग, प्रकार या टाइप से है। आक्सफोर्ड विश्वविद्यालय प्रेस से प्रकाशित मकग्रेगार के हिन्दी-अंग्रेजी कोश में भी वर्ण शब्द का द्वितीय अर्थ Class, Type, Kind ही दिया गया है तथा प्रथम अर्थ Colour या Quality दिया गया है। हर समाज में कालान्तर से रूढ़ियाँ या दोष उत्पन्न हो जाते हैं। इसी प्रकार हिन्दू समाज में वर्ण व्यवस्था दूषित जाति प्रथा के रूप में परिवर्तित हो गई। तुलसी की दृष्टि में भी वर्ण शब्द का आशय वर्ग, प्रकार या टाइप ही है।

कवितावली के उत्तरकाण्ड में वे कहते हैं :

मेरे जाति पाँति न चहौं काहू की जाति पाँति।

मेरी कोई जाति-पाँति नहीं है और न मैं किसी की जाति-पाँति चाहता।

चारों वर्णों की आर्थिक स्थिति एक जैसी है तथा उनकी श्रेष्ठता का एकमात्र आधार आध्यात्मिक है। विषय भोग से विरक्त होकर ब्रह्म विद्या का निःशुल्क प्रसार ही ब्राह्मण का लक्ष्य है :

'सोचिय विप्र जो वेद विहीना। तजि निज धरम विषय लवलीना' ब्रह्म ज्ञान प्राप्त कर सबको उसका ज्ञान कराना ही ब्राह्मण का धर्म है। इसीलिए तुलसी उसे 'भूसुर' मानते हैं। ऐसे ब्राह्मण सभी धर्मों एवं संस्कृतियों में आज भी विद्यमान हैं। उनका विकृत रूप भी सभी धर्मों में विद्यमान है।

विश्व के सभी समाजों में आज भी चारों वर्णों के लोग विद्यमान हैं। श्रीकृष्ण के समय में वैदिक धर्म के अतिरिक्त अन्य कोई धर्म विद्यमान नहीं था। कृष्ण ने इन्हीं चार वर्णों के चार धर्मों का उपदेश दिया है। मनुष्य निष्काम भाव से स्वधर्म का पालन कर मुक्ति प्राप्त कर सकता है :

स्वधर्मे निधनं श्रेयः पर धर्मो भयावह।

किसी राष्ट्र का प्रधानमन्त्री अथवा राष्ट्रपति निष्काम भाव से अपने कर्तव्य का पालन कर मुक्ति प्राप्त कर सकता है। परन्तु यदि उसका सहायक (सेवक)

जबरन प्रधानमन्त्री का कार्य सम्पादित करने लगे अथवा जिलाध्यक्ष कार्यालय का चपरासी जिलाध्यक्ष की कुर्सी पर बैठकर आदेश देने लगे तो समाज में अराजकता उत्पन्न हो जाएगी। सहायक अपने स्वधर्म का निष्काम भाव से पालन कर मुक्ति का अधिकारी बन जाएगा। परन्तु इसका तात्पर्य यह नहीं कि सेवक आध्यात्मिक उन्नति नहीं कर सकता। आध्यात्मिक श्रेष्ठता प्राप्त कर सबका पूजनीय बन सकता है। रामचरितमानस में काकभुशुण्डि सर्वोच्च स्थान प्राप्त करते हैं। रामचरितमानस के आदि में तुलसी कहते हैं कि सर्वप्रथम मानस का सृजन शंकर ने अपने मन में किया तत्पश्चात् उसे रामकथा का अधिकारी समझ काकभुशुण्डि को दिया। महाकाव्य के अन्तिम काण्ड में जब पार्वती अपने प्रिय पति तथा परम आराध्य शंकर से पूछती हैं कि आपने राम की पावन कथा कहाँ से प्राप्त की तो शंकर कहते हैं कि सुमेरु पर्वत के शिखर पर पीपल के वृक्ष के नीचे काकभुशुण्डि यह अमृत कथा निरन्तर सुनाते रहते हैं। मैं पक्षी का रूप धारण कर वहाँ गया था तथा उन्हीं से यह अपूर्व कथा सुनी थी :

तब कछु काल मराल तनु धरि तहँ कीन्ह निवास
सादर सुनि रघुपति गुन पुन आयउँ कैलास।

इस प्रसंग से शंकर की विनम्रता तथा काकभुशुण्डि की महानता दोनों ही अभिव्यंजित होते हैं। निम्नतम प्राणी भी श्रेष्ठतम आध्यात्मिक अनुभूति का धनी हो सकता है। भारत में शताब्दियों से गीता का अध्ययन होता रहा है। उस पर निरन्तर नए भाष्य लिखे जाते रहे परन्तु भारतीय स्वधर्म का पालन करने से कतराते रहे। परिणामस्वरूप हमारा अधःपतन हुआ।

अब तुलसी की अत्यधिक विवादित चौपाइयों का अवलोकन करें :

ढोल गँवार शूद्र पशु नारी। सकल ताड़ना के अधिकारी।

नारी की चर्चा हम बाद में करेंगे। राम तीन दिन तक निरन्तर मार्ग देने हेतु समुद्र से विनय करते रहे परन्तु सागर पर कोई प्रभाव नहीं पड़ा। तब क्रुद्ध होकर राम ने भयानक अग्नि बाण का सन्धान किया जिससे समुद्र के हृदय में अग्नि प्रज्वलित हो उठी, सागर के जन्तु व्याकुल हो उठे तब अनेक रत्नों से भरा हुआ सोने का थाल लेकर ब्राह्मण के वेश में सागर प्रस्तुत हुआ तथा राम के चरणों का स्पर्श कर अपने अवगुणों के लिए क्षमा-याचना करने लगा—आकाश, वायु, अग्नि, जल और पृथ्वी सहज रूप से जड़ हैं। अतः जड़ व्यक्ति से किसी अन्य व्यवहार की आशा कैसे की जा सकती है? आपने मुझे शिक्षा देकर मेरा भला किया परन्तु यह जड़ता भी तो आपके द्वारा ही प्रदत्त थी और मैं उस सीमा का उल्लंघन कैसे कर सकता था?

इस प्रसंग को सुनाते हुए काकभुशुण्डि गरुड़ से कहते हैं :

काटेहि पइ कदरी फरइ कोटि जतन कोउ सींच
विनय न मन खगेस सुनु डाटेहिं पइ नव नीच।

केला काटने पर ही दुबारा फलता है। इसी प्रकार डाँटने पर ही नीच का रूपान्तरण होता है। यहाँ श्लेष अलंकार का बड़ा सार्थक प्रयोग हुआ है। प्रताड़ना से ही जड़ में विनम्रता उत्पन्न होती है तथा वह नवीन रूप धारण करता है। तभी तो जड़ सागर ब्राह्मण के रूप में उपस्थित होता है तथा ज्ञान से परिपूर्ण सूक्ष्म अभिव्यक्ति का स्वामी बन जाता है। यहाँ प्रताड़ना का उद्देश्य भी रूपान्तरण ही है क्योंकि तुलसीदास दण्ड के पूर्णतः विरोधी हैं :

गोंड़ गँवार नृपाल महि यवन महा महिपाल
साम न दाम न भेद कलि, केवल दण्ड कराल।

यहाँ गोंड़ शब्द का अर्थ बर्बर ही है क्योंकि तुलसी के समय अधिकांश राजा क्षत्रिय थे। मध्य युग के राजा और सम्राट कराल दण्ड दिया करते थे तथा उस अन्धकार युग में कल्याणकारी राज्य का स्वप्न देखने वाले तुलसी इसे क्षमा नहीं कर सके थे। इसीलिए राम राज्य में–

दण्ड जतिन कर भेद जहँ नर्तक नृत्य समान
जीतहुँ मनहि सुनिय अस रामचन्द्र के राज।

रामचन्द्र के राज में दण्ड केवल संन्यासियों के हाथों में है और भेद शब्द केवल सुरताल के भेद के लिए ही प्रयुक्त होता है और जीतो शब्द केवल मन के जीतने के लिए ही सुनाई पड़ता है।

बाइबिल में कहा गया है कि मनुष्य को अपने पसीने की कमाई ही खाने का हक है। महात्मा गाँधी ने बड़े से बड़े व्यक्ति के लिए शारीरिक श्रम की आवश्यकता प्रतिपादित की थी। सबको कम से कम आधा घण्टा शारीरिक श्रम अवश्य करना चाहिए। बड़े से बड़े वैज्ञानिक, कवि, उद्योगपति तथा राजनेता को इससे मुक्त करने के लिए वे तैयार नहीं थे। इस विषय पर रवीन्द्रनाथ से उनका गम्भीर मतभेद था। शारीरिक श्रम के द्वारा ही हम सामान्य जनता से तादात्म्य स्थापित कर सकते हैं तथा मानवता की गरिमा का उन्नयन कर सकते हैं। निर्धन व्यक्ति के लिए चरखा आमदनी बढ़ाने का एक जरिया था परन्तु राजपुरुष के लिए जनता से तादात्म्य का साधन। गाँधी जी के लिए चरखा एक प्रतीक था। उसके स्थान पर शारीरिक श्रम का कोई अन्य कार्य भी किया जा सकता है। गाँधी जी के लिए तो वह आध्यात्मिकता एवं पूजा का पर्याय था। माओ ने भी मानवीय गरिमा

की प्रतिष्ठा के लिए श्रम पर जोर दिया था। लेनिन की पत्नी तो क्रैमलिन में भी अपने हाथ से ही खाना पकाती थीं।

रामचरितमानस में सीता भी अपने हाथ से ही सारा गृहकार्य करती थीं यद्यपि सेवा विधि में प्रवीण अनेक सेवक राजभवन में विद्यमान थे :

जद्यपि गृह सेवक सेवकिनी। विपुल सदा सेवा विधि गुनी।
निज कर गृह परिचरजा करई। रामचन्द्र आयसु अनुसरई।

स्वाधीन भारत में घरेलू नौकर प्रतिष्ठा का प्रतीक बन गया है। शासकीय अधिकारियों के यहाँ शासकीय कर्मचारी घरेलू नौकर का कार्य करते हैं। अपने हाथ से कार्य करने वाले को सम्मान की दृष्टि से नहीं देखा जाता। बड़े-बड़े भाषणवीर नेता, अभिनेता भी इस सामन्ती प्रवृत्ति के शिकार हैं।

अब हम उन पंक्तियों की चर्चा करेंगे जिनको किसी भी दृष्टि से उचित नहीं कहा जा सकता :

पूजिय विप्र सील गुन हीना। सूद्र न गुन गन ज्ञान प्रवीना।

ये पंक्तियाँ श्री राम के मुख से निःसृत हैं। अन्तःसाक्ष्य के आधार पर प्रो. वारान्निकोव ने इन्हें क्षेपक माना है। सभी हस्तलिखित प्रतियों में ये चौपाइयाँ मिलती हैं। इसीलिए मानस के काशिराज संस्करण के सम्पादक विश्वनाथ प्रसाद मिश्र ने पाठालोचन के सिद्धान्त का अनुसरण करते हुए इन्हें विलुप्त करना उचित नहीं समझा। फिर भी वारान्निकोव का मत समीचीन प्रतीत होता है। अपना वर्चस्व स्थापित करने हेतु ब्राह्मणों द्वारा इन्हें बाद में जोड़ा गया है। ये तुलसी के मूल दृष्टिकोण के एकदम विपरीत हैं। तुलसी गीता के सम भाव के प्रबल समर्थक हैं। राम का बड़प्पन यही है कि वे धनियों का निरादर करते हैं, निर्धनों पर अत्यधिक कृपा करते हैं तथा उन्हें भाई का गौरव प्रदान करते हैं :

रघुबर! रावरि यहै बड़ाई।
निदरि गनी आदर गरीब पर करत कृपा अधिकाई।
थके देव साधन करि सब, सपनेहुँ नहिं देत दिखाई।
केवट कुटिल भालु कपि कौनप, कियो सकल संग भाई।

हिन्दी के सभी सन्त कवियों ने नारी की निन्दा की है। महान् क्रान्तिकारी कवि कबीर नारी निन्दा में तुलसी से दो कदम आगे हैं। वैसे भी मध्ययुग में नारी काम, भोग की वस्तु समझी जाती थी। परन्तु समस्त जीवधारियों से असीम स्नेह करने वाले कबीर एवं तुलसी से यह अपेक्षा नहीं थी। सन्त कवि विषय-भोग का पूर्णतः परित्याग कर चुके थे। माया की अबाध शक्ति से परिचित थे। अतः माया

की प्रतीक नारी की आलोचना उनके लिए स्वाभाविक थी। नारी के सम्बन्ध में पहले कबीर के विचार देखिए :

नारी नसावैं तीनि सुख जा नर पासैं होई।
भगति मुकति निज ज्ञान मैं, पैसि न सकई कोई॥
एक कनक अरु कामिनी, विष फल किए उपाइ।
देखे ही थे विष चढ़ै, खाँये सूं मरि जाय॥
एक कनक अरु कामिनी, दोऊ अगनि की झाल।
देखे ही तन प्रजलै, परस्यां ह्वै पैमाल॥
कबीर भग की पीहडी, केते गए गडंत्।
केते अजहुँ जाइसी, नरकि हसंत हसंत॥
जोरु जूठणि जगत की, भलै बुरे का बीच।
उत्थम ते अलगे रहैं, निकटि रहैं ते नीच॥
नारी कुंड नरक का, बिरला थंभै बाग।
कोई साधू जन ऊबरै, सब जग मूवा लाग॥
सुंदरि थै सूली भली, बिरला बंचै कोइ।
लोहा निहाला अगनि में, जल बलि कोइला होई॥

कबीर ने नारी को सभी सुखों का नाश करने वाली नरक का कुंड कहा है। तो तुलसी कहते हैं :

सहज अपाविन नारि पति सेवत सुभ गति लहइ।

महान् साध्वी अनसूया संसार के कल्याण के लिए सीता से कह रही हैं। सीता पार्वती जैसे अपवादों को छोड़कर उपर्युक्त शब्द नारी मात्र के लिए कहे गए हैं। यह कथन मध्ययुग में नारी की हीन स्थिति का द्योतक है। परन्तु तुलसी एक पक्ष का चित्रण करने वाले एकांगी कवि नहीं हैं। उन्होंने नारी मात्र को पुरुष से बड़ा भी कहा है। राम वन-गमन के लिए माता कौशल्या से अनुमति लेने जाते हैं। कौशल्या कहती हैं—यदि केवल पिता ने तुम्हें वन जाने की आज्ञा दी है तो माता को पिता से बड़ा मानकर मत जाओ। परन्तु यदि पिता माता दोनों ने वन जाने का आदेश दिया है तो कानन सैकड़ों अयोध्या के समान है।

तुलसी नारी की पराधीनता से अत्यधिक दुखी हैं। नारी की परतन्त्रता को ही उन्होंने पराधीनता का प्रतीक माना है। पार्वती की विदा के समय विह्वल माता के उद्‌गार देखिए :

बचन कहत भरे लोचन बारी। बहुरि लाइ उर लीन्हि कुमारी।

कत विधि सृजीं नारि जग माहीं। पराधीन सपनेहुँ सुख नाहीं।

पराधीन को सपने में भी सुख नहीं मिलता। नारी की इस दशा से तुलसी विकल हैं। शबरी के कथन से भी नारी की दीन स्थिति का पता चलता है :

अधम ते अधम अधम अति नारी।
तिन्ह मँह मैं मतिमन्द अघारी।

शबरी के इन दीन वचनों को सुनकर श्रीराम कहते हैं :

कह रघुपति सुनु भामिनि बाता। मानउँ एक भगति कर नाता।

हे सुन्दरी। मैं केवल भक्ति का नाता ही मानता हूँ। जाति-पाँति, कुल, धन, बल, परिवार, बड़प्पन, धर्म, गुन और चतुरता मेरे लिए कोई महत्त्व नहीं रखते। शबरी को सुन्दरी कहकर सम्बोधित करना भी अपने आप में एक मायने रखता है। राम उसे किसी प्रकार हीन नहीं मानते :

जानत प्रीति रीति रघुराई,
नाते सब हाते करि राखत, राम सनेह सगाई।
घर गुरु गृह प्रिय सदन सासुरे भई जब जहँ पहुनाई।
तब तहँ कहि सबरी के फलनि को रुचि माधुरी न पाई।
सहज सरूप कथा मुनि बरनत रहत सकुचि सिर नाई।
केवट मीत कहे सुख मानत वानर बन्धु बड़ाई।
प्रेम कनौड़ों राम सों त्रिभुवन तिहँकाल न भाई।
तेरो रिनी हौं कह्यो कपि सौं ऐसी मानहिं को सेवकाई।

श्री राम की दृष्टि में प्रेम का सम्बन्ध ही सब सम्बन्धों से बढ़कर है। घर में, गुरु के आश्रम में, ससुराल में, प्रिय मित्रों के यहाँ जब भी, जहाँ भी उनका सत्कार हुआ, उन्होंने सर्वत्र यही कहा कि शबरी के फलों जैसी मधुरता और स्वाद मुझे कहीं नहीं मिला। केवट का मित्र तथा वानर बन्धु कहे जाने पर गौरव की अनुभूति करते हैं। आनन्दित होते हैं। सेवा और प्रेम से अत्यधिक कृतज्ञ होते हैं। सीता का समाचार लाने पर हनुमान से कहते हैं—हे पुत्र मैं तुम्हारे ऋण से कभी मुक्त नहीं हो सकता। तुमसे आँख मिलाने का साहस भी मुझमें नहीं है। उनके नेत्रों से अश्रुधारा प्रवाहित हो रही है तथा शरीर स्नेह एवं कृतज्ञता से पुलकित है :

सुनु कपि तोहि समान उपकारी। नहिं कोउ सुर नर मुनि तनुधारी।
प्रति उपकार करौं का तोरा। सन्मुख होई न सकत मन मोरा।

सुनु सुत तोहिं उरिन मैं नाहीं। देखेउँ करि विचार मन माहीं।
पुनि पुनि कपिहि चितव सुर त्राता। लोचन नीर पुलक अति गाता।

राज्याभिषेक के पश्चात् सुग्रीव आदि सभी मित्रों को विदा करते समय कहते हैं–तुम लोगों ने मेरी अत्यधिक सेवा की है। मेरे लिए पारिवारिक सुख का परित्याग किया है। इसीलिए तुम मुझे अत्यन्त प्रिय हो। शरीर, घर, अनुज, वैदेही, सम्पत्ति, राज्य, परिजन, मित्र सभी मुझे प्रिय हैं। परन्तु तुम्हारे समान नहीं। मैं असत्य नहीं कहता। मेरा यह स्वभाव है :

अनुज राज सम्पति वैदेही। देह गेह परिवार सनेही।
सब मम प्रिय नहीं तुमहिं समाना। मृषा न कहउँ मोर यह बाना।

हिंसक, अत्याचारी, अनाचारी, दृढ़तापूर्वक सबके जीवन में हस्तक्षेप करने वाले उच्च शिक्षित, सर्वसुविधा सम्पन्न, असीम शक्तिशाली निशाचरों के विनाश हेतु राम ने समाज के सर्वाधिक अविकसित वर्ग के प्रतीक बन्दरों एवं भालुओं का सहयोग लिया। उनकी आत्मचेतना एवं आत्मबल को जाग्रत कर उन्हें संगठित किया। उनमें अभूतपूर्व उमंग, साहस एवं विश्वास का संचार किया। साधनहीन, दलित जनता का नेतृत्व कर उन्होंने अनन्त साधन सम्पन्न निशाचर-राज ब्राह्मण रावण के अत्याचारों से धरती को मुक्त किया। उन्हें सखा का गौरवपूर्ण स्थान दिया :

अब गृह जाहु सखा सब भजेहु मोहि दृढ़ नेम।
सदा सर्वगत सर्वहित जानि करेहु अति प्रेम।

सबकी आत्मा में निवास करने वाला तथा सबका हित करने वाला समझदार ही मुझसे अत्यधिक प्रेम करता है। दूसरे शब्दों में सबको लोक प्रेम एवं लोक संग्रह का सन्देश दिया। तुलसी के राम विश्वरूप, सत्य संघ, अशरण शरण, गरीब निवाज, दीनबन्धु, पतित पावन, सरल एवं सबल साहिब हैं। सबसे बढ़कर वे समता की सीमा हैं–'जद्यपि रामु सीम समता की।'

तुलसी की भक्ति का स्वरूप

(सो सुतन्त्र अवलम्ब न आना। तेहि आधीन ज्ञान विज्ञाना।)

इस बात पर सभी विद्वान् एकमत हैं कि भक्ति दक्षिण से उत्तर में आयी तथा इसके प्रथम उद्‌गाता आलवार सन्त थे। आचार्य रामानुज ने उसे दार्शनिक आधार देकर उसका मार्ग प्रशस्त किया। इसे उत्तर में लाने का श्रेय आचार्य रामानन्द को उचित ही दिया गया है। परन्तु कबीर एवं तुलसी के हाथों इसका कायाकल्प हो गया। वह भारत के लिखित इतिहास का सबसे बड़ा धार्मिक, आध्यात्मिक, दार्शनिक, साहित्यिक, मनोवैज्ञानिक एवं सामाजिक आन्दोलन बन गया। कबीर और तुलसी को एक-दूसरे के विरोधी के रूप में प्रस्तुत किया गया है। वस्तुतः वे एक-दूसरे के पूरक हैं। उनकी गिनती भारतीय इतिहास के सर्वाधिक शक्तिशाली तथा अपराजेय व्यक्तियों में होती है। उत्तर भारत में भक्ति आन्दोलन के व्यापक प्रसार के कारणों का उद्‌घाटन एवं तुलसी और कबीर के योगदान का सम्यक् मूल्यांकन आज तक सम्भव नहीं हो सका है। यह तथ्य अक्सर भुला दिया जाता है कि वे मूलतः कवि थे। उनकी भक्ति, उनकी साधना और दर्शन उनकी कविता के माध्यम से ही हमें उपलब्ध हैं। बहुधा कहा जाता है कि वे कोरे कवि नहीं थे। इससे यह ध्वनि निकलती है कि महान् कवि होना गौरव की बात नहीं है। इन विद्वानों ने इस ऐतिहासिक तथ्य की ओर ध्यान नहीं दिया कि विश्व के सभी महान् धर्मों में पहुँचे हुए सन्तों की संख्या काफी बड़ी है परन्तु तुलसी की श्रेणी के कवि सम्पूर्ण विश्व में एक दर्जन से कम ही हैं। तुलसी और कबीर ने प्रकृत कविता के साथ-साथ दार्शनिक कविता भी लिखी है। बकौल टी.एस. इलियट पश्चिम के किसी दार्शनिक कवि ने स्वतन्त्र दार्शनिक चिन्तन नहीं किया। उनके सारथी अन्य प्रतिभाशाली दार्शनिक ही हैं। उन्होंने अन्य दार्शनिकों के विचारों की गहन अनुभूति की तथा

उसे रूपाकार प्रदान किया। तुलसी और कबीर ने अपने गुरुओं के प्रति अपार श्रद्धा व्यक्त की है। परन्तु उनके काव्य के अनुशीलन से स्पष्ट है कि कोई भी मानव (केवल दार्शनिक ही नहीं) उनका सारथी नहीं है। वे स्वयं अपने सारथी हैं। ऐसा एक ही कवि विश्व में और है जो कि शेक्सपियर के नाम से सारे जगत् में विख्यात है। शेक्सपियर ने दार्शनिक काव्य की रचना नहीं की है। वह भी अपना सारथी स्वयं है। तीनों ही मूलतः कवि थे। दार्शनिक प्रबन्ध लिखना उनके जीवन का लक्ष्य नहीं था। परन्तु उनकी मेधा बड़े से बड़े दार्शनिक के समकक्ष थी। बुद्ध और शंकराचार्य को छोड़कर अन्य किसी भारतीय दार्शनिक की मेधा कबीर एवं तुलसी के समकक्ष नहीं थी।

भक्ति आन्दोलन कविता के माध्यम से समग्र जीवन का आन्दोलन था। भारतीय इतिहास का कोई भी आन्दोलन इतना सर्वतोमुखी एवं प्रभावी नहीं रहा। सामान्यतः किसी राष्ट्र के चरम उत्कर्ष के समय ही उच्च कोटि के साहित्य की सृष्टि होती है। तुलसी और कबीर का साहित्य अवसाद-ग्रस्त समाज को बहलाने के लिए लिखा गया साहित्य नहीं है। वह स्वाधीनता, पौरुष, प्रकाश, विजय, आनन्द और सौन्दर्य का काव्य है। यह एक विलक्षण सत्य है कि भारतीय इतिहास के स्वर्णकाल में भी इतनी स्वाधीनता, इतने प्रकाश, इतने पौरुष एवं इतनी मुक्ति का साहित्य नहीं लिखा गया।

'सामन्तवाद का विरोध : स्वाधीनता का उद्घोष'

आचार्य रामचन्द्र शुक्ल ने अपने हिन्दी साहित्य के इतिहास में लिखा है—'देश में मुसलमानों का राज्य प्रतिष्ठित हो जाने पर हिन्दू जनता के हृदय में गौरव, गर्व और उत्साह के लिए वह अवकाश न रह गया। अपने पौरुष से हताश जाति के लिए भगवान की भक्ति और करुणा की ओर ध्यान ले जाने के अतिरिक्त दूसरा मार्ग ही क्या था?'

आचार्य हजारीप्रसाद द्विवेदी शुक्ल जी का उपहास करते हुए कहते हैं—'य कहना तो और भी उपहासास्पद है कि जब मुसलमान हिन्दू मन्दिरों को नष्ट करने लगे तो निराश होकर हिन्दू लोग भजन भाव में जुट गए।'

आगे चलकर उत्तर भारत में भक्ति के प्रसार के मूल कारण का उल्लेख कते हुए आचार्य द्विवेदी लिखते हैं—'असल में दक्षिण का वैष्णव मतवाद ही भक्ति आन्दोलन का मूल प्रेरक है। ये शास्त्र सिद्ध आचार्य दक्षिण के वैष्णव थे। स्पष्ट ही जान पड़ता है कि अलवारों का भक्ति मतवाद भी जनसाधारण की चीज थ जो क्रमशः शास्त्र का सहारा पाकर सारे भारतवर्ष में फैल गया। उत्तर भारत में वैष्ण शास्त्री आचार्यों की कृपा से उसके दार्शनिक रूप का भी अधिक प्रचार हुआ

खेद की बात है कि ये दोनों ही आचार्य कबीर और तुलसी की भक्ति ए

दर्शन की मूल प्रवृतियों से परिचित नहीं प्रतीत होते। साथ ही करोड़ों भारतीयों के अन्तर को उद्वेलित तथा सन्तप्त करने वाली अनुभूतियों से भी अनभिज्ञ ही प्रतीत होते हैं।

शताब्दियों पश्चात् भारतीय समाज के अधःपतन के कारणों का सम्यक् विश्लेषण विवेकानन्द एवं गाँधी ने किया है। यह एक अतिशय महत्त्वपूर्ण तथ्य है कि उससे भी व्यापक एवं मार्मिक चित्रण इन असीम प्रतिभाशाली कवियों के काव्य में मिलता है। विवेकानन्द ने अपने एक भाषण में कहा है–'भारतीय शासकों, ऊँची जातियों तथा विदेशियों ने भारतीय राष्ट्र की कमर तोड़ दी है।' गाँधी ने 'हिन्द स्वराज्य' में कहा है कि भारतीय नरेशों ने अंग्रेजों से भी अधिक भारत को गुलाम बनाया है। विवेकानन्द और गाँधी गुलामी के विरुद्ध थे, अंग्रेजों के नहीं।

भारतीय हिन्दू और मुसलमान दोनों शासकों के दमन के विरुद्ध सबसे ऊँची आवाज तुलसी की है :

> गोंड़ गँवार नृपाल महि, यवन महा महिपाल।
> साम न दाम न भेद कलि, केवल दण्ड कराल॥

चार-पाँच सौ वर्ष पहले कल्याणकारी राज्य की कल्पना भारतीय संस्कृति को तुलसी और कबीर की सबसे महान् देन है। पश्चिम में यह कल्पना उन्नीसवीं शताब्दी में की गई थी। जिन नरेशों को कुशल और श्रेष्ठ शासक माना जाता था उन्हें तुलसी बर्बर समझते हैं। यहाँ 'गोंड़' शब्द से तुलसी का आशय नीची जाति से नहीं है। उनके समय में अधिकांश हिन्दू राजा क्षत्रिय ही थे। वे उन राजाओं को असंस्कृत और बर्बर समझते थे क्योंकि वे केवल जनता को कराल दण्ड देना ही जानते थे। कबीर ने राजाओं को साधारण जीव के स्तर तक उतारा है :

> रामहिं थोरा जानिकर दुनिया आगे दीन।
> जीवां को राजा कहैं माया कै आधीन।।

कबीर दुखी हैं कि गुलामी में डूबकर जनता साधारण जीव को राजा समझती है। तुलसी ने विनय पत्रिका के 139 वें पद में तत्कालीन समाज का जो वर्णन किया है वह स्वाधीनता के पचास वर्ष पश्चात् भी भारत पर पूरी तरह लागू होता है :

> प्रभु के वचन, वेद बुध सम्मत, मम मूरति महिदेवमयी है।
> तिनकी मति रिस-राग-मोह-मद-लोभ लालची लीलि लई है।
> राज समाज कुसाज कोटि कटु कलपित कलुष कुचाल नई है।
> नीति, प्रतीति, प्रीति, परमित, पति हेतुबाद हठि हेरि हई है।

आश्रम-बरन-धरम-बिरहित जग, लोक वेद मरजाद गई है।
प्रजा पतित, पाखण्ड पापरत, अपने-अपने रंग रई है।
सान्ति, सत्य, सुभ रीति गई घटि, बढ़ी कुरीति, कपट कलई है।
सीदत साधु, साधुता सोचति, खल बिलसत, हुलसति खलई है।
परमारथ स्वारथ, साधन भए अफल, सफल नहिं सिद्धि सई है।
कामधेनु-धरनी कलि-गोमर-बिबस बिकल जामति न बई है॥

सर्वप्रथम तुलसी ने देखा कि भारत में पाप एवं दरिद्रता चरम सीमा पर हैं। सभी लोगों के सब प्रकार के सुख नष्ट हो गए हैं। असह्य दैहिक, दैविक और भौतिक तापों से दुनिया जली जा रही है। तुलसी का संवेदनशील हृदय आर्त हो उठता है और वे अपने विश्व विजयी, दीनबन्धु, सज्जन एवं अच्छे साहब से जनता को दुःख मुक्त करने की प्रार्थना ही नहीं करते वरन् विश्वास दिलाते हैं कि उन्होंने हारती हुई जनता को विजयश्री प्रदान करा दी है। सहज ही सबके दुखों को दूर कर दिया है तथा उजड़े एवं उखड़े हुए भारत को पुनः एक गौरवशाली राष्ट्र के रूप में स्थापित कर दिया है। ये निराशा के स्वर नहीं हैं। अखण्ड आस्था एवं उदग्र विश्वास तथा आशा के स्वर हैं। महाकवि शेली कहते हैं :

'O wind if winter comes can spring be far behind'

तुलसी कहते हैं कि बसन्त तो आ ही गया है। जनता देख नहीं रही है। महात्मा बुद्ध के पश्चात् सारी दुनिया के दुख से व्याकुल तुलसी और कबीर ही थे :

चलती चाकी देखि कै दिया कबीरा रोय।
दो पाटन के बीच में साबुत बचा न कोय॥

यह अत्यन्त महत्त्वपूर्ण है कि यहाँ तुलसी ने भारत शब्द का प्रयोग न करके 'दुनिया' शब्द का इस्तेमाल किया है। इसमें सभी जातियों, सभी धर्मों के लोग तथा प्राणी शामिल हैं–'सबकी सब सुख हानि भई है।'

विवेकानन्द की भाँति तुलसी ने भी ऊँची जातियों–ब्राह्मणों एवं क्षत्रियों को ही भारत के पतन का मूल कारण माना है। ब्राह्मण जिसको राम ने स्वयं अपना स्वरूप कहा है, उसकी क्या अवस्था है? क्रोध, आसक्ति, घमण्ड एवं लालची लोभ ने उनकी मति को निगल लिया है। 'लीलि लई है' शब्द कितने शक्तिशाली हैं। राजा लोग करोड़ों कुचालों में डूबे हुए हैं। दमन, लूटमार, अन्याय, अत्याचार, अनाचार, व्यभिचार के नित्य नए रूपों का आविष्कार कर रहे हैं। इस वातावरण में सज्जन चिन्तित हैं, दुर्जन उल्लसित हैं। अन्य जातियों के लिए उन्होंने केवल इतना ही कहा है कि प्रजा अपने-अपने स्वार्थों में लिप्त पाखण्डपूर्ण जीवन व्यतीत

कर रही है। रामचरितमानस में भी उन्होंने कहा है कि ब्राह्मण ज्ञान को बेच रहे हैं और राजा प्रजा को खा रहा है 'द्विज श्रुतिवेचक भूप प्रजासन।' क्या आज के भारत में बुद्धिजीवियों और शासकों की यही स्थिति नहीं है?

इस सन्दर्भ में आचार्य शुक्ल का यह कथन देखिए–'समाज के बीच शासकों, कुलीनों, श्रीमानों, विद्वानों, शूरवीरों, आचार्यों इत्यादि को अवश्य अधिकार और सम्मान कुछ अधिक प्राप्त रहता है। अतः ऐसे लोगों की भी कुछ संख्या सदा रहती है, जो उन्हें ईर्ष्या और द्वेष की दृष्टि से देखते हैं और उन्हें नीचा दिखाकर अपने अहंकार को तुष्ट करने की ताक में रहते हैं।' इस सम्बन्ध में मुझे इतना ही निवेदन करना है कि समाज के उच्चतम वर्गों के प्रति शुक्ल और तुलसी की दृष्टि में जमीन आसमान का अन्तर है। इसमें कोई सन्देह नहीं कि तुलसी की अन्यतम काव्य प्रतिभा को सर्वप्रथम शुक्लजी ने ही उद्घाटित किया परन्तु अत्यन्त खेद के साथ लिखना पड़ता है कि तुलसी की भक्ति एवं विचारधारा को समझने में वे पूर्णतः असमर्थ रहे हैं। अपनी विनय पत्रिका में तुलसी बार-बार कहते हैं :

रघुपति रावरि यहै बड़ाई।
निदरि गनी आदर गरीब पर, करत कृपा अधिकाई।

राम की बड़ाई इसी में है कि वे गण्यमानों का, धन विद्या या पद के अभिमानियों का निरादर कर गरीबों का आदर करते हैं। विनय पत्रिका का मूल स्वर ही यही है।

तुलसी की भक्ति का प्रथम लक्ष्य दीनता के विरुद्ध संग्राम है। डॉ. रामविलास शर्मा ने ठीक ही कहा है कि हिन्दी में तुलसी सामन्तवाद के सबसे बड़े विरोधी कवि हैं। परन्तु प्रमाणस्वरूप उन्होंने केवल इन्हीं चौपाइयों को उद्धृत किया है :

कीन्हे प्राकृत जन गुन गाना। सिर धुनि गिरा लगत पछिताना।

इसमें कोई सन्देह नहीं है कि साहित्यकार की स्वतन्त्रता का सर्वप्रथम उद्घोष हिन्दी साहित्य में तुलसी, कबीर और सूर ने ही किया है। किसी प्राकृत मानव के गुणगान के वे विरुद्ध हैं। महाकवि सूर ने तो जीवन के अन्तिम क्षणों में, स्मरण दिलाने पर महाप्रभु बल्लभाचार्य की स्तुति में एक पद गाया था। भारत और संसार के सभी जीवों को दीन और दुखी देखकर तुलसी कहते हैं :

व्यापकु एकु ब्रह्म अविनाशी। सत्चेतन घन आनन्द रासी।
अस प्रभु हृदय अछत अविकारी। सकल जीव जग दीन दुखारी।
नाम निरूपण नाम जतन ते। सो प्रगटत जिमि मोल रतन से।

यहाँ प्रसंगवश यह कहना समीचीन होगा कि महान् दार्शनिक शंकराचार्य

ने दर्शन और धर्म का समन्वय किया था। आचार्य रामानुज की भाँति वेदान्त एवं वैष्णव सम्प्रदाय की भक्ति का समन्वय नहीं किया। कोई भी महान् आचार्य–रामानुज, मध्व, बल्लभ आदि वेदान्त एवं भक्ति के पूर्ण समन्वय में सफल नहीं हुए यद्यपि भक्ति के प्रसार में इनका योगदान महान् एवं स्तुत्य है। तुलसी और कबीर ने अद्वैत वेदान्त एवं भक्ति का सफल एवं वैज्ञानिक समन्वय किया है। भक्ति एवं अद्वैत की समरसता के कारण ही तुलसी एवं कबीर का स्थान भारतीय ही नहीं, विश्व साहित्य में अप्रतिम है। इस पर विस्तार से आगे विचार किया जाएगा।

एक ही अविनाशी ब्रह्म प्रत्येक प्राणी के हृदय में विद्यमान है फिर भी ये प्राणी दीन एवं दुःखी हैं। इसी अद्वैत दर्शन के आधार पर प्राणी मात्र की समानता स्थापित की जा सकती है। इसी आधार पर विवेकानन्द ने भारतीय राष्ट्र सहित समस्त दलित राष्ट्रों के उत्थान का मार्ग प्रशस्त किया था। अपने अन्तर में प्रकाशित इसी ब्रह्म की आत्मानुभूति के द्वारा ही मानव दीनता से मुक्ति पा सकता तथा अपना मस्तक गौरव से उन्नत कर सकता है; जैसा कि कविवर रवीन्द्र ने कहा है :

> 'Where the mind is without fear and the head is held high.'

तुलसी विनय पत्रिका में कहते हैं :

> रोकिहौं नयन विलोकति औरहिं, सीस ईस ही नैहौं।

उनका मस्तक केवल ईश्वर के सम्मुख ही झुकेगा किसी सांसारिक सत्ता के समक्ष नहीं। आगे 168 वें पद में वे कहते हैं :

> जो श्रीपति-महिमा विचारि उर भजते भाव बढ़ाए।
> तो कत द्वार द्वार कूकर ज्यों फिरते पेट खलाए।

आज भी भारतीय जनता दीनता से ग्रस्त है। खेद है कि केवल दलित जनता ही नहीं, उच्च शिक्षित एवं उन्नत कहे जाने वाले लोग भी कुत्ते की तरह द्वार-द्वार पेट दिखाते हुए मारे-मारे फिर रहे हैं। स्वाभिमानी एवं स्वावलम्बी लोग अल्पमत में हैं अथवा विदेश पलायन कर रहे हैं।

पद संख्या 235 में वे लिखते हैं :

> जे जड़ जीव कुटिल, कायर, खल केवल कलि मल साने।
> सूखत बदन प्रसंसत तिन्ह कँह, हरि ते अधिक करि माने॥

जो मूर्ख जीव कुटिल, कायर और दुष्ट हैं तथा जो केवल पापों से सने हुए

हैं उनकी यश-गाथा गाते-गाते मुँह सूख गया है तथा उन्हें भगवान से अधिक सक्षम मानता हूँ। इस दीनता को दूर करने के लिए मैंने असंख्य प्रयत्न किए परन्तु दीनता ज्यों की त्यों बनी रही। चित्त में स्थित चिन्तामणि को पहचाने बिना चिन्ता दूर नहीं हो सकती। अतः भक्ति का सर्वप्रथम लक्ष्य दीनता की समाप्ति एवं आत्मगौरव की प्राप्ति है। क्या विनय पत्रिका के उपर्युक्त पद आज भी उतने ही प्रासंगिक नहीं हैं? भारतीय संस्कृति की सबसे बड़ी विशेषता 'अभय' है जिसे प्रायः भारतीय भूल चुके हैं। तुलसी ने इसी अभय का पुनः उद्घोष किया है :

तुलसिदास रघुबीर बाहुबल सदा अभय काहू न डरै।

वही साहित्यकार महान् साहित्य की रचना कर सकता है जो सत्ता के अनुदान पर अवलम्बित न हो। शा और सार्त्र जैसे स्वाधीनचेता साहित्यकारों ने नोबल पुरस्कार भी ठुकरा दिया था। मनसबदारी की पेशकश पर तुलसी कहते हैं :

हम चाकर रघुबीर के पटौ लिखौ दरबार।
अब तुलसी का होहिंगे नर के मनसबदार॥

साहित्यकार की स्वाधीनता की इस महान् परम्परा का अनुपालन कर, निराला और प्रसाद, प्रेमचन्द और रामचन्द्र शुक्ल, पन्त, महादेवी वर्मा, नागार्जुन और मुक्तिबोध, जैनेन्द्र और डॉ. रामविलास शर्मा ने अपने महान् पूर्वजों के गौरवशाली अवदान को सुरक्षित रखा है।

धार्मिक सामन्तवाद का विरोध : प्रेम की महिमा

राजनीतिक सामन्तवाद के समान धार्मिक सामन्तवाद के भी तुलसी घोर विरोधी हैं। तुलसी समरसतावादी हैं। वे योग, जप, दान, तप, व्रत, नेम, यज्ञ सबके महत्त्व का वर्णन करते हैं। किसी सत्मार्ग का विरोध नहीं करते। परन्तु ईश्वर-साक्षात्कार का सबसे प्रमुख साधन प्रेम ही है। गीता में भगवान कृष्ण अर्जुन से कहते हैं कि तुम मेरे जिस दिव्य विश्वरूप का दर्शन कर रहे हो वह केवल सम्पूर्ण समर्पण, अनन्य भक्ति से ही सम्भव है। अन्य किसी भी उपाय से नहीं :

न वैदयज्ञाध्ययनैर्न दानैर्न च क्रियामिर्न तपोभिरूग्रैः
एवं रूप शक्य अहं तृलोके द्रष्टुम् त्वदन्येन कुरूप्रवीर।

रावण विजय के पश्चात् जब श्री राम वानरों के साथ विनोद कर रहे होते हैं उस समय तुलसी लिखते हैं :

मुनि जेहि ध्यान न पावहिं नेति नेति कह वेद
कृपासिन्धु सोई कपिन्ह सन करत अनेक विनोद

उमा जोग, जप, दान, तप, नाना मख, व्रतनेम
राम कृपा नहिं करहिं तस जस निष्केवल प्रेम।

निश्चल प्रेम ही ईश्वर प्राप्ति का एकमात्र कारण है, अन्य सभी उपाय इस प्रेम प्राप्ति के साधन हैं। इसे सीधे भी प्राप्त किया जा सकता है। जिसे यह प्रेम प्राप्त हो गया है उसे वेद की भी आवश्यकता नहीं रह जाती। गीता में श्रीकृष्ण कहते हैं :

यावानर्थ उद्पाने सर्वतः संप्लुलोदकं।
तावान्सर्वेषु वेदेधु ब्राह्मणस्यः विजानतः।।

चित्रकूट में श्रीराम किरातों के प्रेमपूर्ण वचनों को उसी प्यार से सुनते हैं जैसे एक पिता अपने शिशुओं की मधुर बातें सुनता है तथा तुलसी घोषणा करते हैं कि जो जानना चाहते हैं वे जान लें कि राम को केवल प्रेम ही प्यारा है।

रामहि केवल प्रेमु पियारा। जानि लेउ जो जाननिहारा।

कबीर भी यही कहते हैं :

पोथी पढ़-पढ़ जग मुआ पण्डित भया न कोय।
ढाई आखर प्रेम का पढ़ै सो पण्डित होय।

तुलसी ने अपने युग में देखा था कि परमार्थ स्वार्थ में परिणत हो गया है। मुनि अपने को ईश्वर घोषित कर रहे हैं :

जे मुनि ते पुनि आपुहिं आप को ईस कहावत सिद्ध सयाने।

तुलसी विनय पत्रिका के 256 वें पद में कहते हैं कि जितने देवता, सिद्ध, मुनीश्वर तथा योगाचार्य हैं वे सब पूजा लेकर उसके बदले में क्षणभंगुर सांसारिक सुख देते हैं और सुख भी वे अपनी हानि और लाभ का विचार करके देते हैं। क्या आज की स्थिति वैसी ही नहीं है? इसीलिए तुलसी मानव मात्र को, एकमात्र ईश्वर को ही आत्म-समर्पण करने का प्रेरक सन्देश देते हैं तथा किसी भी प्राकृत मनुष्य को चाहे वह कितना ही बड़ा सन्त क्यों न हो, माया से परे नहीं मानते। वे सभी देवताओं को भी माया का गुलाम ही मानते हैं। इतना ही नहीं वे उन्हें माया के समक्ष विवश देखते हैं तथा इसमें कोई अपवार्द करने हेतु प्रस्तुत नहीं। निम्न पंक्तियाँ द्रष्टव्य हैं :

देव, दनुज, मुनि, नाग, मनुज सब माया बिबस विचारे।
तिनके हाथ दास तुलसी प्रभु कहा अपनपौ हारे।

उन्होंने देवताओं को तो स्वार्थी, अक्षम, अयोग्य और निष्ठुर तक कहा है। 'सुर स्वार्थी, अनीस, अलायक, निठुर दया चित नाहीं' तथा रामचरितमानस में उनके सम्बन्ध में लिखा है :

ऊँच निवास नीच करतूती। देखि न सकहिं पराई विभूती।

राम अपनी सम्पूर्ण प्रभुता भूलकर अनन्य प्रीति करने वाले भक्त के वश में रहते हैं। विनय पत्रिका के 98 वें पद में इसका अत्यन्त मार्मिक चित्रण है। जिनकी माया के वशीभूत होकर ब्रह्मा तथा शिव भी नाचते-नाचते पार नहीं पा सके उन्हीं अविछिन्न ब्रह्म को यशोदा हठपूर्वक ऊखल से बाँध देती हैं परन्तु वे उस पाश को तोड़ नहीं पाते तथा गोपियाँ उन्हें ताली बजा-बजाकर नचाती हैं :

जिन बाँधे सुर, असुर, नाग, नर, प्रबलकरम की डोरी।
सोई अविछिन्न ब्रह्म जसुमति हठि बाँध्यो सकत न छोरी।
जाकी मायाबस बिरंचि सिव नाचत पार न पायो
करतल ताल बजाय ग्वाल-जुवतिन्ह सोइ नाच नचायो।

जिसे योग, वैराग्य, ध्यान, जप, तप कर ज्ञानी मुनि खोजते रहते हैं वही परम ब्रह्म उनकी उपेक्षा कर चंचल, पामर बन्दरों और भालुओं से प्रेम करता है क्योंकि उनका प्रेम निश्छल और सच्चा है।

सम्पूर्ण लोकपाल, यमराज, काल, पवन, रवि एवं चन्द्र जिसकी आज्ञा पालन में सन्नद्ध रहते हैं वही परम प्रभु प्रेमवश अपने नाना उग्रसेन के द्वार पर डण्डा लेकर दरबारी की तरह खड़ा रहता है :

लोकपाल, जम, काल, पवन, रवि, ससि सब आज्ञाकारी।
तुलसिदास प्रभु उग्रसेन के द्वार बेंतकर धारी।

तुलसी के राम गरीब निवाज, दीनबन्धु एवं अशरण शरण हैं। वे दीनों से अकारण ही भारी सहज स्नेह रखते हैं :

ऐसो को उदार जग माहीं।
बिनु सेवा जो द्रवै दीन पर, राम सरिस कोउ नाहीं।

सेवा करने पर सभी धन देते हैं। संसार की यही रीति है। परन्तु श्री राम दीनों से प्रेम करते हैं तथा बिना सेवा किए ही केवल दुःख देखकर द्रवीभूत हो जाते हैं :

को न सेवत देत सम्पत लोकहू यह रीति।
दास तुलसी दीन पर एक राम की ही प्रीति।

वे अकुलीनों के कुल, भूखों के माता-पिता तथा निराधार के आधार हैं :

कुल अकुलीन को सुन्यो है वेद साखि है।
माय बाप भूखे को, आधार निराधार को।

विश्व इतिहास में दीनों के उत्थान के लिए अपना सारा जीवन होम कर देने की तमन्ना रखने वाले दो ही महापुरुष दृष्टिगोचर होते हैं—लेनिन और गाँधी। अत्यन्त खेद की बात है कि लोक कल्याण के उपासक आचार्य शुक्ल लेनिन के महत्त्व को न समझ सके। उनके अनुसार—'ऊँची श्रेणियों में कर्तव्य की पुष्ट व्यवस्था न होने से ही योरप में ईर्ष्या, द्वेष और अहंकार का प्राबल्य हुआ जिससे लाभ उठाकर लेनिन अपने समय में महात्मा बना रहा।' लेनिन की विचारधारा से मतभेद हो सकता है। परन्तु उसके व्यक्तित्व की महानता को स्वीकार न कर पाना पूर्वग्रह के कारण ही सम्भव हुआ है। सर्वहारा वर्ग के लिए, विश्व के लिखित इतिहास में किसी व्यक्ति ने इतना कार्य नहीं किया। प्रधानमन्त्री के रूप में भी वह क्रेमलिन के तीन कमरों में ही रहता था तथा उसकी पत्नी स्वयं खाना पकाती थी। तुलसी ने सीता के लिए लिखा है :

निजकर गृह परिचरजा करई।

दीनों के प्रति असीम स्नेह के कारण ही गाँधी ने वस्त्रों का परित्याग किया था अत्यन्त सादा जीवन अंगीकार किया था। विश्व साहित्य के इतिहास में किसी सर्वोच्च कवि ने दीनों के प्रति इतना स्नेह व्यक्त नहीं किया। तुलसी के भक्ति काव्य की यह अन्यतम विशेषता है जो शताब्दियों तक मानव जाति को प्रेरित करती रहेगी।

अब प्रश्न उठता है कि जब भगवान स्वयं अनन्य भक्त का द्वारपाल बन सकते हैं तो अनन्य भक्त है कौन? अनन्य भक्ति को परिभाषित करते हुए राम कहते हैं :

सोई अनन्य जाके असि मति न टरई हनुमन्त।
मैं सेवक, सचराचर रूपि स्वामि भगवन्त।

यह अतिशय व्यंजनापूर्ण है कि श्री राम अपने परम भक्त हनुमान को ही अनन्य भक्त का लक्षण बतला रहे हैं। हनुमान सेवा धर्म के साकार रूप हैं। आज भारत में जितने मन्दिर हनुमान के हैं उतने राम और कृष्ण के नहीं—

राम ते अधिक राम कर दासा।

सारे चर और अचर संसार को अपने स्वामी भगवान का रूप मानकर उसकी

सेवा करना ही अनन्य भक्ति है। संसार के किस धर्मावलम्बी को इसमें आपत्ति हो सकती है? ईसाई धर्म में भी मानव सेवा को प्रभु सेवा का साधन माना गया है। तुलसी की भक्ति में सभी धर्मों का सार समाहित है।

भक्ति का दार्शनिक आधार :
अद्वैत वेदान्त एवं भक्ति का समन्वय

प्रस्तुत निबन्ध के प्रारम्भ में निवेदन किया गया है कि तुलसी और कबीर मौलिक विचारक हैं। वे किसी आचार्य के अनुयायी नहीं हैं। इस मौलिकता ने उनके काव्य को असीम शक्ति एवं प्रभाव से सम्पन्न किया है। किन्तु यह निःसंकोच कहा जा सकता है कि उनका दर्शन शंकराचार्य के अद्वैत सिद्धान्त के अत्यधिक निकट है। परन्तु यह भी सच है कि उन्होंने अद्वैत की नवीन व्याख्या की है और उसे नया आयाम दिया है।

आचार्य शुक्ल ने लिखा है कि 'साम्प्रदायिक दृष्टि से वे रामानुजाचार्य के अनुयायी थे जिनका सिद्धान्त भक्तों की उपासना के बहुत अनुकूल दिखाई पड़ा।' उनको स्वतः अनुभव हुआ कि यह मत अन्तर्विरोध से ग्रस्त है। अतः आगे वे लिखते हैं : उपनिषद प्रतिपादित 'सोऽहमस्मि' और 'तत्वमसि' आदि वाक्यों की परमार्थिकता में विश्वास रखते हुए भी 'गो गोचर जहँ लगि मन जाई। तहँ लगि माया जानेउ भाई' कह कर मायावाद को स्वीकार करते हुए भी कहीं-कहीं विशिष्टाद्वैत मत का आभास दिया है जैसे :

ईश्वर अंश जीव अविनासी। चेतन अमल सहज सुखरासी।
सो माया बस भयउ गोसाईं। बंधेउ कीट मरकट की नाईं।

इससे यह साबिंत होता है कि परमार्थ दृष्टि से, शुद्ध ज्ञान की दृष्टि से, तो अद्वैत मत गोस्वामी जी को मान्य है पर भक्ति के व्यावहारिक सिद्धान्त के अनुसार भेद करके चलना वे अच्छा समझते हैं। गरुड़ के ईश्वर और जीव में भेद पूछने पर काकुभुशुण्डि कहते हैं :

माया वस्य जीव अभिमानी। ईस वस्य माया गुन खानी।
परबस जीव स्वबस भगवन्ता। जीव अनेक एक श्रीकन्ता।

इतना भेद करके परमार्थ दृष्टि से ये भेद यद्यपि मायाकृत हैं—परमार्थतः सत्य नहीं हैं पर इन्हें मिटाने के लिए ईश्वर को स्वामी मानकर भक्ति करनी पड़ेगी।

मुधा भेद यद्यपि कृत माया। बिनु हरि जाइ न कोटि उपाया।

प्रथम तो तुलसी का काव्य साम्प्रदायिक नहीं है। आचार्य रामानुज ने वेदान्त

और वैष्णव भक्ति का समन्वय करने का अथक प्रयास किया है। किसी महान् दर्शन को किसी सम्प्रदाय में रूपान्तरित करना सम्भव नहीं है। यद्यपि आचार्य रामानुज एक महान् दार्शनिक हैं एवं भक्ति के प्रसार में उनका ऐतिहासिक महत्त्व है, किन्तु तुलसी और कबीर के दर्शन तथा रामानुज के दर्शन में तात्विक मतभेद है। उनकी मौलिकता यह है कि उपनिषद के अद्वैत एवं भक्ति का अपूर्व समन्वय उनमें मिलता है।

तुलसी स्मृतियों, आगमों एवं पुराणों का आदर करते हैं। अपना महाकाव्य उन्होंने पौराणिक शैली में ही लिखा है। जनता तक पहुँचने के लिए यह शैली सर्वथा उपयुक्त है। परन्तु उनके काव्य का दार्शनिक आधार उपनिषद एवं गीता ही हैं। अन्य ग्रन्थों को वे तत्त्व की दृष्टि से इनके समकक्ष नहीं मानते। उनमें तत्त्व वे साथ-साथ रूढ़िगत अंश भी पर्याप्त मात्रा में हैं। रामानुज की दृष्टि में निगम और आगम दोनों समान दृष्टि से महत्त्वपूर्ण हैं। दोनों में कुछ प्रश्नों पर तात्विक अन्तर होने के कारण, आचार्य रामानुज विलक्षण बुद्धि के धनी होते हुए भी वेदान्त एवं वैष्णव भक्ति में समन्वय नहीं कर सके। शंकराचार्य की भाँति तुलसी और कबीर को इस अन्तर का ज्ञान था। इसीलिए मैंने इनकी मेधा को आचार्य शंकर के समकक्ष कहा है।

रामानुज, मध्व, वल्लभ, निम्बार्क आदि वैष्णव आचार्यों ने शंकराचार्य के अद्वैतवाद का खण्डन ही नहीं किया उसे मिथ्या भी कहा है। वे उनके मायावाद को भी स्वीकार नहीं करते। तुलसी अद्वैतवाद एवं मायावाद को पूरी तरह स्वीकार करते हैं। यद्यपि उन्होंने इनको नए आयाम भी दिए हैं। आचार्य रामानुज ब्रह्म के निर्गुण स्वरूप को भी स्वीकार नहीं करते। इस सम्बन्ध में भी कबीर और तुलसी का उनसे मौलिक मतभेद है। अतएव आचार्य हजारीप्रसाद द्विवेदी का यह कथन कि दक्षिण के वैष्णव आचार्यों का समर्थन पाकर उत्तर भारत में भक्ति आन्दोलन तेजी से फैल गया, असंगत है। उत्तर भारत में भक्ति के प्रसार का मूल श्रेय कबीर और तुलसी को है तथा इन दोनों का इन वैष्णव आचार्यों के दर्शन से मौलिक मतभेद है।

वेद के दो अंश हैं—कर्मकाण्ड तथा ज्ञानकाण्ड। शंकराचार्य ने वेद के कर्मकाण्ड को गौण तथा ज्ञानकाण्ड को मुख्य माना है। खेद की बात है कि भक्ति के परवर्ती आचार्यों ने पुनः कर्मकाण्ड को प्रतिष्ठित कर दिया। स्वयं रामानुज ने भी कर्मकाण्ड तथा ज्ञानकाण्ड को समतुल्य माना है। वेदान्त के सर्वोच्च व्याख्याता भगवान श्रीकृष्ण हैं। सभी आचार्यों ने अपने मत की पुष्टि के लिए गीता के श्लोकों के अर्थ को तोड़-मरोड़कर प्रस्तुत किया है। आचार्य शंकर की दृष्टि में उपनिपद और गीता ही तात्विक ग्रन्थ हैं। तुलसी ने गीता के दर्शन को ही स्वीकार किया है। उन्होंने सहज स्वाभाविक अर्थ को स्वीकार करते हुए नए परिवेश में उन्हें नए

आयाम भी दिए हैं तथा भविष्य के मनीषियों को भी इसकी छूट दी है। इसका उल्लेख इस ग्रन्थ के दूसरे अध्याय में किया गया है।

अद्वैत दर्शन तथा मायावाद दोनों जुड़े हुए हैं। इसी कारण भक्ति के आचार्यो ने दोनों का प्रबल विरोध किया है। रामानुज, मध्व, बल्लभ, निम्बार्क महान् विचारक हैं तथा वेदान्त के किसी न किसी पक्ष का उद्घाटन वे अवश्य करते हैं परन्तु तात्विक अन्तर्विरोध से ग्रस्त हैं। तुलसी और कबीर का दर्शन उनकी अपेक्षा अधिक व्यापक तथा समन्वित है।

सर्वप्रथम प्रश्न उठता है कि तुलसी के आराध्य राम कौन हैं? तुलसी बालकाण्ड (रामचरितमानस, मझला साइज, गीताप्रेस, पृष्ठ 25) में दोहा क्रमांक 12 के पश्चात् लिखते हैं :

एक अनीह अरूप अनामा। अज सच्चिदानन्द पर धामा।
व्यापक विश्वरूप भगवाना। तेंहि धर देह चरित कर नाना।

इस सम्बन्ध में डॉ. रामविलास शर्मा का मत है–"तुलसी शुद्ध निर्गुणवादी नहीं हैं। अधिक से अधिक ब्रह्म के सगुण निर्गुण दोनों रूप मानते हैं। दोनों नाम के अधीन हैं।"

तुलसी ने निराकार एवं साकार उपासकों में एकता स्थापित करने के उद्देश्य से राम के नाम को ब्रह्म राम से भी बड़ा कहा है, इसमें सन्देह नहीं । परन्तु यह कथन एक आंशिक सत्य है कि तुलसी अधिक से अधिक ब्रह्म के सगुण और निर्गुण दोनों रूप मानते हैं। उनका कहना है कि अनाम एवं अरूप ब्रह्म ही जगत् में अधर्म का नाश, अत्याचार के विनाश तथा भक्तों को आनन्द प्रदान करने हेतु मनुष्य का रूप धारण करते हैं परन्तु वे मानव नहीं हैं :

जथा अनेक वेष धरि नृत्य करइ नट कोइ।
सोइ सोइ भाव देखावइ आपनु होइ न सोइ।

कुशल अभिनेता कल्पित पात्र का सजीव अभिनय कर दर्शकों को अभिभूत कर देता है। परन्तु इससे वह मूल पात्र नहीं बन जाता। इसी प्रकार राम मानव के समक्ष आदर्श व्यक्ति का सजीव अभिनय कर मानव को सद्मार्ग की ओर प्रेरित करते हैं परन्तु इससे मानव नहीं बन जाते। कबीर कहते हैं :

दशरथ सुत तिहुँ लोक बखाना, राम नाम का मरम है आना।

देखिए दोनों महाकवि एक-दूसरे के पूरक प्रतीत होते हैं विरोधी नहीं। परन्तु तुलसी उत्तरकाण्ड में यह भी कहते हैं कि :

निर्गुण रूप सुलभ अति, सगुण जान नहिं कोइ।
सुगम अगम नाना चरित सुनि मुनि मन भ्रम होइ।

तुलसी ने पहली बार कहा है कि सगुण को कोई नहीं जानता। सूर ने इसके विपरीत निर्गुण को अगम मानते हुए कहा है :

सब विधि अगम विचारहिं ताते, सूर सगुन लीला पद गावे।

स्पष्ट है कि यहाँ तुलसी सूर को ही चुनौती दे रहे हैं।

सर्वप्रथम तुलसी कहते हैं कि अज, अनाम, अरूप, निर्गुण, निर्विशेष ब्रह्म ही मानव रूप धारण कर धर्म की स्थापना करता है तथा भक्तों को आह्लादित करता है। इस बात पर जोर देने के लिए अकेले बालकाण्ड में उन्होंने इस कथन को कम से कम सत्रह बार दुहराया है तथा हर काण्ड में इसका उल्लेख करना आवश्यक समझा है।

आचार्य रामानुज कहते हैं कि ब्रह्म सगुण ही है निर्गुण नहीं क्योंकि हम निर्गुण का ज्ञान प्राप्त नहीं कर सकते। उपनिषद में ब्रह्म को नेति नेति इसलिए कहा गया है कि उनके गुणों की कोई सीमा नहीं है तथा उनमें कोई हेय गुण नहीं है। परन्तु इस प्रक्रिया में आचार्य आध्यात्म को विज्ञान के स्तर पर उतार लाते हैं। विज्ञान बुद्धि पर आश्रित है। इससे उसका ज्ञान अखण्ड और निर्विकल्प न होकर सविकल्प एवं खण्डित हो जाता है। ब्रह्म की सत्यता चिरकाल में बाधित नहीं होती तथा विज्ञान का सत्य सतत परिवर्तनशील एवं नाशवान अथवा बाधित रहता है। विश्व के किसी महान् धर्म में आध्यात्म की यह परिभाषा स्वीकार्य नहीं है। ईसाई, इस्लाम एवं हिन्दू, बौद्ध किसी भी दर्शन में इसे स्वीकार नहीं किया जा सकता। निर्गुण ही नहीं सगुण ईश्वर भी माया, गुण तथा इन्द्रियों से परे है :

विप्र धेनु सुर सन्त हित लीन्ह अनुज अवतार
निज इच्छा निर्मित तन माया गुन गो पार।

उपनिषद में ब्रह्म के निर्गुण रूप को ब्रह्म तथा सगुण रूप को अपर ब्रह्म अथवा ईश्वर कहा है। "शंकराचार्य के अनुसार सर्वज्ञ, सर्वशक्तिमान एवं जगन्नियन्ता ईश्वर की सिद्धि श्रुति वाक्यों के आधार पर होती है अनुमान या तर्क द्वारा नहीं। सविकल्प बुद्धि अपनी युक्तियों से या तर्कों से ईश्वर को सिद्ध नहीं कर सकती।" डॉ. चक्रधर शर्मा का यह कथन उपनिषद या शंकर के शारीरिक भाष्य के मत को सही ढंग से प्रस्तुत करता है।

पाश्चात्य दार्शनिक काण्ट ने भी ईश्वर की सत्ता को बुद्धि सिद्ध नहीं मानकर श्रद्धा का विषय माना था। काण्ट ने दर्शन द्वारा ईश्वर की सिद्धि के लिए दिए

गए तर्कों का खण्डन किया है और बताया है कि बुद्धि ईश्वर की सिद्धि या असिद्धि दोनों के लिए तुल्य बल तर्क दे सकती है परन्तु ईश्वर की सिद्धि या असिद्धि का निर्णय नहीं कर सकती। वर्तमान युग के महान् वैज्ञानिक हाकिंस का भी कहना है कि विज्ञान से ईश्वर की सत्ता प्रमाणित नहीं होती। शंकराचार्य भी न्याय द्वारा ईश्वर की सिद्धि के लिए दिए गए तर्कों से सहमत नहीं हैं। प्रसिद्ध अंग्रेज दार्शनिक ब्रेडले का कथन है कि जो व्यक्ति धार्मिक (आध्यात्मिक) अनुभूति से अधिक ठोस तत्त्व पाना चाहता है, वह नहीं जानता कि वह क्या चाहता है?

तुलसी ने इस बात को बार-बार दुहराया है कि राम नर नहीं है। तर्क और बुद्धि से परे निर्गुण, अनाम, अरूप ब्रह्म ही हैं :

> माया गुन ग्यानातीत अमाना वेद पुरान भनन्ता।
> व्यापकु ब्रह्म अलखु अविनासी। चिदानन्द निरगुन गुन रासी।
> मन समेत जेहिं जान न बानी। तरकि न सकहिं सकल अनुमानी।
> तात राम कर नर जानि मानहु। निर्गुण ब्रह्म अजित अज जानहु।
> हम सब सेवक अति बड़भागी। सन्तत सगुन ब्रह्म अनुरागी।

शंकराचार्य ने भी कहा है कि "ईश्वर मायापति हैं जीव मायादास है। ईश्वर सर्वज्ञ, सर्वशक्तिमान और विभु हैं जीव अल्पज्ञ, अल्पशक्तिमान और देह, इन्द्रिय अन्तःकरण से सीमित है। ईश्वर सृष्टि में हैं और सृष्टि उनमें है। तथापि वे सृष्टि में सीमित नहीं हैं। वे प्रभु हैं, आराध्य हैं, देव हैं, भगवान हैं। वे भुक्ति मुक्ति प्रदाता हैं। उनकी कृपा से जीव अपरोक्षानुभूति द्वारा आत्मसाक्षात्कार कर सकता है। वे भक्ति से प्रेरित होकर भक्तों पर अनुग्रह करते हैं। ईश्वर स्वयं को ईश्वर के रूप में नहीं निर्गुण ब्रह्म के रूप में ही अनुभव करते हैं।" तुलसी ने इन सभी बातों पर जोर दिया है। जब श्री राम वाल्मीकि आश्रम में जाकर उनसे वन में निवास हेतु उपयुक्त स्थान बतलाने का आग्रह करते हैं उस समय कहे गए महामुनि के वचन अत्यन्त महत्त्वपूर्ण हैं :

> राम सरूप तुम्हार वचन अगोचर बुद्धि पर।
> अविगत अकथ अपार नेति नेतिनित निगम कह।
> जगु पेखन तुम पेखनि हारे, विधि हरि सन्धु नचावनि हारे।
> तेउ न जानहिं मरम तुम्हारा, और तुम्हहिं को जाननिहारा।
> सोई जानइ जेहि देउ जनाई, जानत तुम्हहि तुम्हहि होइ जाई।
> तुम्हरिहि कृपा तुम्हहिं रघुनन्दन, जानहिं भगत भगत उर चन्दन।

राम ब्रह्मा, विष्णु और शम्भु को नचाने वाले हैं। इस बात को भी अनेक बार दुहराया गया है। यहाँ तुलसी कहते हैं कि ईश्वर एक ही है। अक्सर अन्य

धर्मावलम्बी आलोचना करते हैं कि हिन्दू धर्म में अनेक देवी-देवताओं की पूजा की जाती है। तुलसी का कहना है कि ईश्वर एक ही है चाहे उसे राम, कृष्ण, गॉड या अल्लाह के नाम से पुकारा जाए। शुक्ल जी कबीर को कट्टर एकेश्वरवादी कहते हैं। परन्तु रामचरितमानस एवं विनय पत्रिका में तुलसी बार-बार बताते हैं कि ईश्वर एक ही है और वह निर्गुण, निराकार, अज, अरूप, अनाम है तथा मानव के मार्गदर्शन हेतु मानव रूप में प्रकट होता है तथा जो उस सगुण ब्रह्म को निराकार ब्रह्म मानकर भजते हैं वे ईश्वर की भक्ति प्राप्त कर सकते हैं। वे ही ईश्वर का दर्शन कर सकते हैं। अन्य देवताओं की पूजा करने वाले सिद्धियाँ, वैभव प्राप्त कर सकते हैं परन्तु ईश्वर को नहीं। गीता में भी श्रीकृष्ण ने यही उपदेश दिया है :

स तथा श्रद्धया युक्त स्तास्याराधनमीहते।
लभते च तत्रः कामान्ययैव विहितान्हि तात।
अन्तवन्तु फलं तेषा तद्भवत्यलपमेधसाम व।
देवान्दवयजो यान्ति मद्भक्ता यान्ति मामपि।

आचार्य शंकर के दर्शन से अपरिचित व्यक्ति समझते हैं कि उन्होंने संसार को असत्य कहा है। उन्होंने व्यवहार के स्तर पर संसार को सत्य कहा है तथा परमार्थ के स्तर पर असत्। उनके दर्शन में मिथ्या शब्द एक टेक्निकल शब्द है, जिसका अर्थ असत् नहीं है। जगत् असत् नहीं है वह सद्सदनिर्वचनीय और मिथ्या हैं। जगत् सत्य नहीं है क्योंकि वह ब्रह्म के समान कूटस्थ नित्य नहीं है वह असत् भी नहीं है क्योंकि वह बन्ध्या पुत्र के समान प्रतीति रहित नहीं है। आधुनिक भाषा में जगत् देश काल से सीमित एवं नाशवान है तथा आत्मा देशकाल के बन्धन से मुक्त नित्य है। विज्ञान का ज्ञान भी व्यवहार के स्तर का है। नवीन ज्ञान की खोज से उसका निराकरण हो जाता है। आचार्य रामानुज की दृष्टि में सभी ज्ञान सत्य हैं। अर्थात् विज्ञान और आध्यात्म को वे एक ही श्रेणी में रखते हैं। इसका यह तात्पर्य न निकालें कि रामानुज की दृष्टि अधिक वैज्ञानिक तथा आधुनिक युग के अनुकूल है। विज्ञान और आध्यात्म की पृथक् सत्ता स्वीकार कर आचार्य शंकर ने अधिक वैज्ञानिक दृष्टि का परिचय दिया है। आचार्य रामानुज कहते हैं कि वैकुण्ठ में श्री विष्णु तथा लक्ष्मी शुद्ध सत्व का शरीर धारण कर निवास करते हैं। वे प्रसिद्ध मन्दिर की मूर्तियों में भी निवास करते हैं। रामानुज के प्रशंसक डॉ. राधाकृष्णन भी इसे एक धार्मिक कल्पना मात्र कहते हैं। सत्व प्रकृति का एक गुण है। शुद्ध सत्व प्रकृति से परे कैसे हो सकता है? पौराणिक शैली में रामचरितमानस की रचना करने वाले तुलसी कहते हैं :

प्रकृति पार प्रभु सब उर बासी, ब्रह्म निरीह बिरज अबिनासी।

माया के कारण ही आत्मा जीव के रूप में दिखाई पड़ती है तथा जीव संसार के रूप में । शंकर की भाँति तुलसी भी जीव के अंशत्व को वास्तविक नहीं मानते :

मुधा भेद जद्यपि कृत माया, बिनु हरि जाइ न कोटि उपाया।

शुक्ल जी इन पंक्तियों से उलझन में पड़ जाते हैं। तुलसी ने इसको अनेक बार अनेक प्रकार से कहा है। उन्होंने शंकराचार्य के माया विषयक तर्कों को बार-बार दुहराया है :

झुठेउ सत्य जाहि बिनु जाने, जिमि भुजंग बिनु रज पहिचाने।
जेहि जाने जग जाइ हेराई, जागे जथा सपन भ्रम जाई।
बन्दउ बाल रूप सोई रामू, सब विधि सुलभ जपत जिस नामू।

आगे बालकाण्ड में ही वे फिर लिखते हैं :

रजत सीप मँह भास जिमि जथा भानुकर वारि।
जदपि मृषा तिहुँकाल सोइ भ्रम न सकइ कोउ टारि।
जासु कृपा अस भ्रम मिटि जाई, गिरिजा सोइ कृपाल रघुराई।

सगुण राम की कृपा से यह भ्रम मिट जाता है तथा हम अनित्य व्यवहारिक सत्ता से ऊपर उठकर कूटस्थ नित्य सत्ता में प्रवेश करते हैं :

सखा परम परमारथ एहू। मन क्रम बचन राम पद नेहू।
राम ब्रह्म परमारथ रूपा। अविगत, अलख, अनादि, अनूपा।
सकल विकार रहित गतभेदा। कह नित नेति निरूपहिं वेदा।

यह शंकर के अद्वैत के अनुसार ही है। क्योंकि उनके अनुसार अपर ब्रह्म अथवा ईश्वर की कृपा से हमारा यह भ्रम दूर हो जाता है। शंकर के दर्शन से अपरिचित होने के कारण ही लोग समझते हैं कि अद्वैत भक्ति में बाधक है।

रावण के अत्याचार से त्रस्त पृथ्वी ब्रह्मा के पास जाकर उसके असह्य अत्याचार से मुक्त करने की प्रार्थना करती है। ब्रह्मा अपनी असमर्थता ज्ञापित कर हरि के पास जाने का परामर्श देते हैं। प्रश्न उठता है कि हरि कहाँ मिलेंगे? भगवान शंकर इस समय वहाँ उपस्थित थे। कोई कह रहा था कि प्रभु क्षीरसागर में निवास करते हैं। किसी ने सलाह दी कि बैकुण्ठ में जाओ। वहाँ शेषनाग की शय्या पर लेटे हुए विष्णु के दर्शन होंगे। शंकर कहते हैं कि कहीं जाने की आवश्यकता नहीं है। ऐसा कौन सा स्थान है जहाँ प्रभु नहीं हैं? इसी स्थान पर प्रार्थना करो। प्रभु प्रेम से प्रकट होते हैं :

'हरि व्यापक सर्वत्र समाना। प्रेम ते प्रकट होहिं मैं जाना।'

यहाँ 'समाना' शब्द पर ध्यान दीजिए। प्रभु सभी स्थानों पर समान रूप से विद्यमान हैं। बैकुण्ठ में या मन्दिर में या गिरजाघर या मस्जिद में वे अधिक नहीं हैं, सब जगह समान रूप से हैं। शैवों और वैष्णवों में एकता स्थापित करने हेतु राम स्वयं रामेश्वरम् में शिवलिंग की स्थापना करते हैं परन्तु तुलसी यह नहीं कहते कि राम मन्दिर में मिलेंगे। तीर्थों की महिमा का उन्होंने वर्णन किया है परन्तु वे यह नहीं कहते कि राम वहाँ मिलेंगे। वे यह नहीं कहते कि वे बाजार में कम और मन्दिर में अधिक हैं। आप स्वयं देख लीजिए कि रामानुज अधिक वैज्ञानिक हैं अथवा तुलसी। तुलसी यह नहीं कहते कि अध्यात्म विज्ञान विरोधी है परन्तु यह निर्देश करते हैं कि व्यावहारिक सत्य आध्यात्मिक सत्य से भिन्न है। व्यावहारिक सत्य को सत्य कहने वाले रामानुज कितनी अवैज्ञानिक बात कर रहे हैं कि भगवान विष्णु शुद्ध सत्व का शरीर धारण कर बैकुण्ठ में रहते हैं। ऐसा इसलिए सम्भव हुआ कि वे वेदान्त दर्शन को वैष्णव सम्प्रदाय की साम्प्रदायिक भक्ति से एकरूप करना चाहते हैं जो सम्भव नहीं है। गहन वैज्ञानिक दृष्टि से सम्पन्न तुलसी ऐसा नहीं करते परन्तु वे जनसाधारण की श्रद्धा को भ्रमित नहीं करना चाहते। इसीलिए वे मन्दिर अथवा मस्जिद का विरोध भी नहीं करते।

माया की नवीन व्याख्या

इस प्रकार हम देखते हैं कि तुलसी शंकराचार्य के मायावाद का पूरी तरह समर्थन करते हैं परन्तु वे उसकी नवीन व्याख्या भी करते हैं तथा उसे नया आयाम भी देते हैं। अरण्यकाण्ड में श्री राम माया की व्याख्या करते हुए कहते हैं :

मैं अरु मोर तोर तैं माया, जेंहि बस कीन्हे जीव निकाया।
गो गोचर जहँ लगि मन जाई, सो सब माया जानेउ भाई।

जहाँ तक मन की पहुँच है वह सब माया ही है और उसका मूल तत्त्व है—अपने-पराए की भावना अर्थात् मानव का अहं एवं उसका स्वार्थ। इसी कारण वह अमित उपायों से अपने लिए सुख संचय में व्यस्त है तथा नाना प्रकार के षड्यन्त्रों तथा अत्याचारों द्वारा दूसरों को उससे वंचित करना चाहता है। शोषण की वह जननी है। वही मनुष्य को पर धन, पर दारा का लम्पट तथा संसार को भयंकर बनाती है। परन्तु सम, सन्तोष, दया और विवेक से यह संसार 'सुखकारी' बनाया जा सकता है :

अनविचार रमणीय सदा संसार भयंकर भारी।
सम, सन्तोष, दया विवेक से व्यवहारी सुखकारी।

इसी स्वार्थ भावना के कारण वह दूसरे की सहज सम्पत्ति को भी देखकर द्वेष रूपी अग्नि में जलता है और सम, दम, दया से प्रेरित होकर दीनों का पालन कर हृदय को शीतल नहीं करता। अर्थात् सबको बराबर समझने तथा दीनों का पालन करने से ही मन को शान्ति प्राप्त हो सकती है :

देखि आन की सहज सम्पदा, द्वेष अनल मन जारयो।
सम दम दया दीन पालन, सीतल हिय हरि न सम्भारयो।

डॉ. रामविलास शर्मा लिखते हैं–'शुक्ल जी ने मध्यकालीन भक्तों के लिए यह दावा किया था कि वह जगत् के मिथ्यात्व का विरोध करते हैं वह बात तुलसी के लिए भी सही है।'

हम तुलसी के दृष्टिकोण से असहमत हो सकते हैं। उनका विरोध भी कर सकते हैं। परन्तु उनके विचारों पर अपने विचारों का आरोपण उचित नहीं कहा जा सकता।

डॉ. शर्मा जैसे प्रगतिशील विचारकों की मूल चिन्ता यह है कि संसार को माया मानने से हमारी भौतिक उन्नति नहीं हो सकती। तुलसी और कबीर के माया सम्बन्धी विचारों से अच्छी तरह से परिचित न होने के कारण यह भ्रम उत्पन्न हुआ है।

विनय पत्रिका के पद संख्या 120, 121 में तुलसी संसार को पूरी तरह असत् कहते हैं :

श्रुति गुरु साधु समृति सम्मत यह दृश्य असत दुखकारी।
तेहि बिनु तजे, भजे बिनु रघुपति विपति सकै को टारी।
तुलसिदास सब विधि प्रपंच जग, जदपि झूठ श्रुति गावै।
रघुपति भगति सन्त संगति बिनु को भव-भास नसावै।

तुलसी संसार को माया इसलिए मानते हैं कि वह नाशवान है तथा स्वार्थ भावना के परिपूर्ण है। अपनी वासनाओं को तृप्त करने के लिए मनुष्य कोई भी अनुचित कार्य करने से नहीं चूकता। अनवरत शोषण के द्वारा परधन व परस्त्री का अपहरण करता है। क्या हम चतुर्दिक यही दृश्य नहीं देखते? समानता तथा दीन पालन के द्वारा ही आनन्द एवं शान्ति प्राप्त हो सकती है। तुलसी गीता में प्रतिपादित समानता के सिद्धान्त के प्रबल पक्षधर हैं और यही उन्हें अद्वैत की ओर ले जाता है। माया की प्रबलता ही उन्हें अद्वैत की ओर ले जाती है। माया इतनी प्रबल है कि कोई भी उसके शासन से मुक्त नहीं है :

देव, दनुज, मुनि, नाग, मनुज सब माया बिबस विचारे।
तिनके हाथ दास तुलसी प्रभु कहा अपनपौ हारे।

'माया बिबस है' अर्थात् पूरी तरह उसके चंगुल में है। गरुड़ को समझाते हुए काकभुशुण्डि कहते हैं कि शंकर, ब्रह्मा, नारद, सभी आत्मवादी श्रेष्ठ मुनि कोई भी ऐसा नहीं है जिसे मोह ने अन्धा न किया हो तथा जिसे काम ने नचाया नहीं हो। कोई ऐसा ज्ञानी, तपस्वी, योद्धा, कवि, विद्वान् और गुणवान नहीं है, लोभ ने जिसकी हँसी न उड़वाई हो। कोई ऐसा नहीं है जिसे धन के अभिमान ने वक्र तथा सत्ता के अभिमान ने बहरा न बना दिया हो :

नारद भव बिरंचि सनकादी। जे मुनिनायक आतमवादी।
मोह न अन्ध कीन्ह केहि केही। को जग काम नाचव न जेही।
तृष्णाँ केहि न कीन्ह बौराहा। केहि कर हृदय क्रोध नहिं दाहा।
ज्ञानी तापस सूर कवि कोविद गुन आगार।
केहि मैं लोभ विडम्बना कीन्हि न एहि संसार।
श्रीमद वक्र न कीन्ह केहि प्रभुता बधिर न काहि।
मृगलोचनि के नैन सर को अस लागि न जाहि।

क्या हम संसार में प्रतिदिन यही दृश्य नहीं देखते? खेद है कि भक्ति के महान् आचार्यों ने शंकराचार्य के मायावाद और अद्वैतवाद का तो घोर विरोध किया है परन्तु संसार में व्याप्त उपर्युक्त दूषित तत्त्वों का विरोध उसी प्रबलता से नहीं किया। मानव मात्र की तात्विक समानता का सारभूत सन्देश नहीं दिया। कर्मकाण्ड का विरोध नहीं किया। वरन् पुनः कर्मकाण्ड का तीव्रता से प्रचलन किया। यही कारण है कि तुलसी और कबीर ने उनके दर्शन को स्वीकार नहीं किया तथा भक्ति आन्दोलन को अत्यन्त व्यापक रूप प्रदान किया।

माया की यह प्रबलता ही तुलसी और कबीर को अद्वैतवादी बनाती है। सबके हृदय में अविकारी, अविनाशी, आनन्द की राशि परम ब्रह्म का निवास है फिर भी लोग अतिशय दीनता से ग्रस्त हैं। पहले भी निम्नलिखित पंक्तियाँ उद्धृत की जा चुकी हैं :

व्यापकु एकु ब्रह्म अविनासी, सतचेतन धन आनन्द ससी।
अस प्रभु हृदय अछत अविकारी, सकल जीव जग दीन दुखारी।

क्या उपर्युक्त स्वार्थ भावना के कारण सर्वहारा वर्ग ही नहीं तथाकथित बुद्धिजीवी भी आज स्वतन्त्र भारत में उसी दीनता का परिचय नहीं दे रहे जिसका तुलसी उल्लेख कर रहे हैं।

सब के हृदय में 'प्रकृति पार' ब्रह्म का निवास है अतः सब समान हैं। अतएव हमें सबसे अत्यधिक प्रेम करना चाहिए। गौरव से अपना मस्तक ऊँचा रखना चाहिए। किसी से नहीं डरना चाहिए।

'तुलसिदास रघुवीर बाहुबल, सदा अभय काहू न डरै।'

समानता का प्रतिपादन

साधारणतः आचार्यों ने द्वैत का अर्थ आत्मा और परमात्मा का भेद माना है तथा अद्वैत का अर्थ आत्मा और ब्रह्म की एकता माना है। सबसे पहले हमें संसार के सब प्राणियों में अभेद देखना चाहिए। गीता के इस सन्देश की पता नहीं क्यों विद्वानों ने उपेक्षा की। गीता में भगवान कृष्ण के अमृत वचन हैं—पहले अपनी आत्मा में समस्त संसार को तत्पश्चात् मुझमें समस्त संसार को देखो। जो इस प्रकार देखता है वही यथार्थ देखता है। इस ज्ञान को आत्मसात करने के पश्चात् मनुष्य जन्म-मरण के बन्धन से मुक्त हो जाता है :

यज्ज्ञात्वा न पुनर्मोहमेवं यास्यसि पाण्डव।
येन भूत्यान्यशेषेण द्रक्ष्यसयात्मन्यथो ममि।

ज्ञानी जन विद्या विनय सम्पन्न ब्राह्मण, गाय, हाथी, कुत्ते और चाण्डाल को सम भाव से देखते हैं अर्थात् उनकी दृष्टि में सब समान होते हैं किसी को वे अधिक या कम महत्त्व नहीं देते :

विद्या विनय सम्पन्ने ब्राह्मणे गवि हस्तिनि
शुनि चैव श्वपाके च पण्डिताः समदर्शिनः।

जिनका मन साम्य में स्थित है वे ब्रह्म में ही स्थित हैं क्योंकि ब्रह्म निर्दोष और सम है तथा वे अपने जीवन काल में ही संसार को जीत लेते हैं। अर्थात् वे जीवन मुक्त हैं। पता नहीं क्यों भक्ति के कतिपय महान् आचार्य भगवान कृष्ण के इस स्पष्ट सन्देश की उपेक्षा कर जीवन मुक्ति में विश्वास नहीं करते, आचार्य रामानुज भी उनमें एक हैं।

इहैव तैर्जितः सर्गो येषां साम्ये स्थितमनः।
निर्दोषं हि रामं ब्रह्म तस्माद्ब्रह्मणि ते स्थिताः।

इसी श्लोक का उदाहरण देकर विवेकानन्द ने सम्पन्न, सक्षम भारतीयों को दीनहीनों का हाथ थाम लेने का आह्वान किया था। तुलसी ने मुक्ति हेतु दीन पालन का मार्ग सुझाया था। अपने-पराए की भावना के उन्मूलन का सन्देश दिया था। भक्ति हमें अभेद, अद्वैत तथा जीवन मुक्ति की ओर ले जाती है :

गई न निज पर बुद्धि शुद्ध स्वै रहे न रामलय लाए
तुलसिदास यह अवसर बीते का पुनि के पछिताए।

जिसने भेदभाव को पूरी तरह से त्याग दिया है उसे ही परम आनन्द प्रदान करने वाली परा भक्ति प्राप्त होती है :

सकल दृश्य निज उदर मेलि सोवै निद्रा तजि जोगी।
सोई हरिपद अनुभवै परम सुख अतिशय द्वैत वियोगी।

यही नहीं वे अपने आराध्य से प्रार्थना करते हैं कि हे प्रभु ऐसा कुछ उपाय कीजिए कि मैं द्वैत रूपी अँधेरे कुएँ में न गिरूँ क्योंकि संसार के अपरिमित दुःख, संशय, शोक और विकार इसी द्वैत भावना के कारण हैं :

जौ निज मन परिहरै विकारा, तो कत द्वैत जनित संसृति दुःख संसय, शोक अपारा।

राम भक्ति की तीक्ष्ण कुठार से ही द्वैत भूल भव-तरु को काटकर गिराया जा सकता है :

काजु कहा नर तन धरि सारयो,
पर उपकार सार श्रुति को जो सो धोखेहु न विचारयो।
द्वैत मूल भय-सूल सोक-फल भव-तरु टरै न टारयो।
राम भजन तीछन कुठार लै सो नहिं काटि निवारयो।

अद्वैत भक्ति साधना में बाधक नहीं वही साधना का मूल आधार है। तुलसी ने सर्वप्रथम गीता की इस मूल भावना को पहचाना था। इसीलिए वे परोपकार को ही वेद का सार कहते हैं। वे कहते हैं कि वेद की विमल वाणी ने संसार से मुक्ति पाने के लिए अनेक उपाय बताए हैं परन्तु जब तक 'मैं और मेरे' की भावना विद्यमान है; सारे उपायों पर अमल करने के बाद भी सुख कभी नहीं मिल सकता।

बहु उपाय संसार तरन कँह विमल गिरा श्रुति गावै
तुलसिदास मैं और मोर गए बिनु जिव सुख कबहुँ न पावै।

भौतिकता एवं आध्यात्म का समन्वय

अब हम इस प्रश्न पर विचार करें कि राम को निर्गुण ब्रह्म मानकर भी तुलसी ने सगुण ब्रह्म की उपासना पर अत्यधिक जोर क्यों दिया है तथा निर्गुण राम को सुलभ एवं सगुण को दुष्कर क्यों कहा है?

तात राम कर नर जनि मानहु। निर्गुण ब्रह्म अजित अज जानहु।
हम सब सेवक अति बड़भागी। सन्तत सगुन ब्रह्म अनुरागी।

राम मानव नहीं हैं, वे आदर्श राजा एवं मानव का अभिनय कर रहे हैं। हम रंगशाला में पात्रों का अभिनय देखकर रसानुभूति करते हैं। रामचरितमानस एक आध्यात्मिक काव्य है परन्तु उसमें मानवीय भावनाओं की अत्यन्त मनोरम, सूक्ष्म एवं मार्मिक अभिव्यक्ति उपलब्ध है। इस रूपक द्वारा तुलसी दोनों उद्देश्यों को एक साथ सिद्ध करते हैं। हम रंगशाला में अभिनेताओं को भूलकर मूल पात्रों की संवेदनाओं की ही अनुभूति करते हैं।

अतः रामचरितमानस में पात्रों द्वारा मानवीय भावनाओं की ही अभिव्यक्ति की गई है तथा उनका रसास्वादन तथा परीक्षण इसी आधार पर होना चाहिए। हम उसे मात्र लौकिक काव्य न समझ लें इसीलिए तुलसी बार-बार स्मरण कराते हैं कि राम मानव नहीं हैं। इससे कलात्मकता बाधित अवश्य हुई है किन्तु तुलसी को मानव मनोविकारों का इतना सूक्ष्म ज्ञान है तथा उनकी अभिव्यक्ति वे इतनी कुशलता के साथ करते हैं कि हम इस बाधा को नजरअन्दाज कर देते हैं। तुलसी एक साथ कवि, भक्त, दार्शनिक तथा समाज सुधारक हैं। महानतम् काव्य में इतने रूपों का एक साथ सफल निर्वाह करने वाले वे विश्व के एकमात्र कवि हैं।

सगुण भक्ति पर इतना जोर देने का एक आध्यात्मिक कारण भी है। तुलसी के युग में असंख्य योगी ब्रह्म ज्ञानी होने का दावा कर रहे थे परन्तु वास्तव में वे 'माया बिबस' दुर्बल प्राणी ही थे। सम्भवतः इसी कारण उन्होंने निर्गुण रूप को अति सुलभ तथा सगुण को अत्यधिक कठिन कहा है। धर्म को जीवन में उतारना अत्यन्त कठिन है। गाँधी जी ने इसीलिए अपनी आत्मकथा को 'सत्य के प्रयोग' शीर्षक से विभूषित किया है। 'वाक्य ज्ञान' प्राप्त कर लेने से कोई मुक्त नहीं हो जाता अन्यथा सभी वेद पढ़ने वाले मुक्त हो जाते। धर्म को जीवन में उतारना ही सर्वाधिक दुष्कर है। बड़े-बड़े योगी तथा महात्मा भी इसमें चूकते हैं। 'समभाव' को जीवन में उतारना आसान नहीं है। इसके बिना गीता के अनुसार न भक्ति सम्भव है न मुक्ति। राम धर्मानुसार जीवन व्यतीत करने का अपूर्व उदाहरण प्रस्तुत करते हैं। यही कारण है कि तुलसी सगुण भक्त बनकर अपने को बड़भागी समझते हैं। तुलसी की महानता इस बात में भी है कि ऐसा उदाहरण प्रस्तुत करते हुए भी वे कहते हैं कि यह प्रयास अन्तिम नहीं है। भविष्य में हर कल्प के मनीषी सत्य के प्रयोग के 'नए उदाहरण' प्रस्तुत करते रहेंगे। धर्म की हर युग में नवीन व्याख्या करने की महती आवश्यकता का उल्लेख कर तुलसी ने मानव उत्थान का अद्वितीय मार्ग सुझाया है। उनमें दृढ़ता और लचीलेपन का अद्भुत संगम है। अपने मत पर पर्वत की तरह अडिग रहकर वे भविष्य में नवीन मूल्यांकन को भी स्वीकार करते हैं। हमें विश्व इतिहास में भगवान महावीर को छोड़कर ऐसा कोई उदाहरण नहीं मिलता जिसमें सत्य के नवीन मूल्यांकन को इतनी स्पष्टता तथा सहजता से स्वीकार किया गया है :

जे प्राकृत कवि परम सयाने। भाषा जिन्ह हरि चरित बखाने।
भए जे अहहिं जे होइहहिं आगे। प्रनवउँ सबहिं कपट सब त्यागे।
कल्प भेद हरिचरित सुहाए। भाँति अनेक मुनीसन्ह गाए।
करिय न संसय अस डर आनी। सुनिअ कथा सादर रतिमानी।
राम अनन्त अनन्त गुन अमित कथा विस्तार
सुनि आचरज न मानिहहिं जिन्ह के विमल विचार।

ज्ञान और भक्ति का समन्वय

तुलसी की भक्ति में शंकराचार्य का ज्ञान भी समाहित है। शुक्ल जी, हजारीप्रसाद जी तथा अन्य अनेक विद्वानों की मान्यता है कि ज्ञान मार्ग नीरस है। पता नहीं इन विद्वानों की ऐसी धारणा क्यों कर बनी? जो सत् है वहीं चित् है, जो चित् है वही आनन्द है। डॉ. चक्रधर शर्मा ने ठीक ही कहा है–'आनन्द ब्रह्म का स्वरूप लक्षण है।' आत्मसाक्षात्कार अखण्ड आनन्द की प्राप्ति है। 'यह स्वातन्त्र्य है, स्वराज्य है, अभय पद है और परम पुरुषार्थ है।' विवेक चूड़ामणि में शंकर कहते हैं :

सत्यं ज्ञान मनन्तं ब्रह्म विशुद्धं परं स्वः सिद्धम
नित्यानन्दैकरसं प्रत्यगभिन्नं निरन्तरं जयति।

ब्रह्म सत्य, ज्ञान स्वरूप और अनन्त है, वह पूर्णतः शुद्ध, स्वतः सिद्ध, नित्य, एकमात्र आनन्दरस स्वरूप, अन्तरतम और अभिन्न है एवं निरन्तर विजय श्री प्राप्त करने वाला है।

निरन्तराभ्यासवशान्तदित्थं पक्वं मनो ब्रह्माणि लीयते यदा।
तदा समाधिः स विकल्पवर्जितः स्वतोऽद्वयान्दरसानुभावकः।

जिस समय रात-दिन के निरन्तर अभ्यास से परिपक्व होकर मन ब्रह्म में लीन हो जाता है उस समय अद्वितीय ब्रह्मानन्द रस का अनुभव कराने वाली निर्विकल्प समाधि स्वतः सिद्ध हो जाती है।

अपने अत्यन्त प्रसिद्ध पद 'मोहि मूढ़ मन बहुत वियोगो' में तुलसी कहते हैं कि शीतल, मधुर अमृत स्वरूप, सहज सुख आत्मा में ही है, (सत् चित् आनन्द) उसका स्वरूप ही है। परन्तु बुद्धि भ्रम से उसे अत्यन्त दूर एवं अप्राप्य समझकर खो दिया :

'शीतल, मधुर पीयूष सहज सुख, निकटहि रहत दूरि जन खोयो'

यहाँ शंकराचार्य की निर्विकल्प समाधि तथा कबीर की सहज समाधि की ओर संकेत है।

नाथ पन्थी योगी तथा बौद्ध सिद्ध सहज समाधि से बहुत दूर चले गए थे। कबीर की भाँति तुलसी ने भी इसकी आलोचना की है। मैं पहले कह चुका हूँ कि कबीर और तुलसी एक-दूसरे के पूरक हैं। जिस प्रकार कबीर ने सभी सममार्गों के बाह्याचार का विरोध किया था उसी प्रकार तुलसी ने 'कबीर पन्थ' के बाह्याचार का प्रबलतापूर्वक विरोध किया था। इसका तात्पर्य यह नहीं कि वे ज्ञान मार्ग अथवा कबीर की साधना की महिमा से अपरिचित थे। सबसे बड़ी बात यह है कि तुलसी ने ब्रह्मानन्द अथवा आत्मसाक्षात्कार को 'सहज सुख' कहा है। एक अन्य पद में वे कहते हैं :

ब्रह्म पीयूष मधुर शीतल जल जो पै मन सो रस पावै।
तोकत मृगजल रूप विषय कारन निसि बासर धावै।

विनय पत्रिका के पद क्रमांक 82 में वे कहते हैं :

नयन मलिन पर नारि निरखि मन मलिन विषय संगलागे।
हृदय मलिन बासना मान मद जीव सहज सुख त्यागे।

पद क्रमांक 244 में वे लिखते हैं :

याही ते मैं हरि ज्ञान गँवायो
परिहरि हृदय कमल रघुनाथहिं बाहर फिरत बिकल भयो धायो।
ज्यों कुरंग निज अंग सचिर मद अति मति हीन मरम नहीं पायो।
खोजत गिरि, तरु लता भूमि बिल परम सुगन्ध कहाँ ते आयो।

सुख स्वरूप राम तो हृदय में ही निवास करते हैं परन्तु मैं मूर्ख मृग की भाँति उन्हें बाहर ढूँढ़ रहा हूँ।

कबीर ने भी कहा है :

कस्तूरी कुण्डलि बसै मृग ढूँढै बन माँहि।
ऐसो घटि घटि राम हैं दुनिया देखै नाहिं।

भक्ति की श्रेष्ठता

तुलसी के अनुसार ज्ञान और वैराग्य भक्ति के दो नेत्र हैं :

पावन पर्वत वेद पुराना, राम कथा रुचिराकर नाना।
मर्मी, सज्जन सुमति कुदारी, ग्यान विराग नयन उरगारी।
भाव सहित खोजइ जो प्रानी, पाव भगति-मनि सब सुख खानी।

बुद्धि, ज्ञान, वैराग्य, सज्जनता, भाव-प्रबलता, रहस्य दर्शन के समवेत प्रयास से भक्ति रूपी मणि प्राप्त होती है। अतः भक्ति का परित्याग कर जो केवल ज्ञान हेतु श्रम करते हैं वे दूध के लिए कामधेनु का परित्याग कर केवल आक की खोज में रत रहते हैं अथवा महासागर को बिना जलयान के पार करना चाहते हैं।

गीता में भगवान कृष्ण कहते हैं कि ज्ञानी को ही परा भक्ति प्राप्त होती है :

ब्रह्मभूतः प्रसन्नात्मा न शोचति न कांक्षति,
समः सर्वेषु भूतेषु मद्भक्तिं लभते परांम।
भक्तया मामाभिजानाति यावन्यश्चास्मि तत्त्वतः,
ततो माँ तत्त्वतो ज्ञात्वा विशततदनन्तरम्।

जो ब्रह्म में स्थित है अथवा ब्रह्म समान हो गया है, जो शोक-रहित एवं अभिलाषा रहित है, जो सब प्राणियों को सम भाव से देखता है उसे ही मेरी परा या सर्वोच्च भक्ति प्राप्त होती है। परा भक्ति के द्वारा वह मुझे और मेरे प्रभाव को तत्त्व से ज्ञात कर मुझमें प्रवेश कर जाता है। अर्थात् वह जीवन मुक्त हो जाता है। वह शरीर रहते हुए भी मोक्ष प्राप्त कर लेता है। मृत्यु के पश्चात् उसकी विदेह युक्ति होती है।

तुलसी या सभी महान् भक्त मोक्ष नहीं चाहते वे तो जन्म-जन्म में राम के प्रेम में ही लीन रहना चाहते हैं–'जनम जनम पद राम सनेहू।' परन्तु वे शंकराचार्य की जीवन मुक्ति को स्वीकार करते हैं। भक्त जीवित ही मुक्त है क्योंकि मोक्ष सुख भक्त को छोड़कर रह ही नहीं सकता जैसे जल थल के बिना नहीं रह सकता :

राम भजन सोइ मुक्ति गोसाईं। अन इच्छित आवह बरियाई।
जिमि थल बिनु जल रहिन सकाई। केटि भाँति कोउ करै उपाई।
तथा मोक्ष सुख सुनु खगराई। रहिन सकइ हरि भगति बिहाई।

कबीर बार-बार अमृत कुण्ड में ब्रह्म रस का पान करना चाहते हैं, यही तो मोक्ष है। मोक्ष अखण्ड आनन्द की प्राप्ति है। शंकराचार्य के शब्दों में एकमात्र आनन्द है तथा वह शरीर रहते ही प्राप्त किया जा सकता है। वह आनन्द ही नहीं है, स्वराज्य भी है, अभयपद भी है क्योंकि अभय, स्वराज्य के बिना कोई आनन्द सम्भव ही नहीं है।

शंकराचार्य कहते हैं कि कर्म और उपासना से चित्त शुद्ध होता है तथा ज्ञान प्राप्त होता है। और ज्ञान से ही आत्म साक्षात्कार होता है। तुलसी का

कहना है कि ज्ञान भक्ति के अधीन है। भक्ति स्वतन्त्र है उसे किसी अन्य अवलम्ब की आवश्यकता नहीं है। और भक्त कौन है? जो चर और अचर संसार को अपने स्वामी भगवान का रूप मानकर उसकी सेवा करता है। राम स्वयं अंगद, सुग्रीव, जामवन्त आदि को विदा करते समय कहते हैं कि मुझे सबके हृदय में निवास करने वाला तथा सबकी भलाई चाहने वाला मानकर सदा स्मरण तथा प्रेम करना तथा किसी से डरना नहीं। क्या यह शंकराचार्य का अभयपद और स्वराज्य ही नहीं है :

अब गृह नाहु सखा सब भजेहु मोहि दृढ़ नेम
सदा सर्वगत सर्वहित जानि करेहु अति प्रेम।

लंकाकाण्ड में सब वानरों को विदा करते समय कहते हैं :

निज निज गह अब तुम्ह सब जाहू। सुमरेहु मोहि जनि डरपेहु काहू।

भक्ति विहीन व्यक्ति की स्थिति कर्णधार विहीन जलयान के सदृश है जो जीवन सागर को सुरक्षित पार नहीं कर सकता :

सोह न राम प्रेम बिनु ज्ञानू। करनधार बिन जिमि जल जानू।

अतः स्पष्ट है कि तुलसी की दृष्टि में जीवन रूपी नौका का नाविक भक्ति है तथा ज्ञान उसका एक नेत्र है। वस्तुतः ज्ञान और भक्ति, सत्य और अहिंसा के समान एक ही सिक्के के दो पहलू हैं। उन्हें विभाजित नहीं किया जा सकता। तुलसी के ही शब्दों में सत्य के समान दूसरा धर्म नहीं है तथा अहिंसा परम धर्म है। अहिंसा के बिना सत्य का पालन सम्भव नहीं है। उसी प्रकार भक्ति के बिना ज्ञान की उपलब्धि असम्भव है। भक्ति ही ज्ञान को स्थायित्व प्रदान करती है। तथा लोक संग्रह हेतु कर्म में प्रवृत्त करती है। गीता में ज्ञान, कर्म एवं भक्ति का अद्‌भुत समन्वय है। तुलसी में भी यही समन्वय दृष्टिगोचर होता है। इसमें कोई सन्देह नहीं कि तुलसी ने भारतीय दर्शन एवं धर्म की मौलिक व्याख्या की है तथा आचार्य शंकर की परम्परा को युगानुसार समृद्ध एवं सक्रिय किया है। उनमें विज्ञान एवं आध्यात्म का भी विलक्षण समन्वय है।

भक्ति का सभी को समान अधिकार

भगवान बुद्ध के पूर्व ही श्रीकृष्ण ने भक्ति के क्षेत्र में सभी के समान अधिकार की घोषणा की थी :

अपि चेत्सुदुराचारो भजते मामनन्य भाक्
साधुरेव स मन्तव्यः सम्मग्यव्यवसितोहि सः।

यदि कोई अतिशय दुराचारी भी मन में भली प्रकार निश्चय कर लेता है कि परमेश्वर के भजन के समान कुछ भी नहीं है तथा मेरा अनन्य भक्त होकर निरन्तर मुझे भजता है उसे साधु ही मानना चाहिए।

माँ हि पार्थ व्यपाश्रित्य येऽपि स्युः पापयोनयः
स्त्रियो वैश्यास्तथा शूद्रास्तेपि यान्ति परांगतिम्।

हे अर्जुन स्त्री, वैश्य, शूद्र तथा पापयोनि वाले कोई भी व्यक्ति मेरी शरण में आकर परम गति को ही प्राप्त होते हैं।

उत्तरकाण्ड में स्वयं श्री राम काकभुशुण्डि से कहते हैं :

पुरुष नपुंशक नारि वा जीव चराचर कोइ
सर्वभाव भजि कपट तजि मोहि परम प्रिय सोइ।

सुन्दरकाण्ड में श्री राम विभीषण से कहते हैं :

जौ नर होहि चराचर द्रोही। आवै सभय सरन तकि मोही।
तजि मद मोह कपट छल नाना। करमु शद्य तेहि साधु समाना।

इसी प्रकार विभीषण के आगमन का समाचार प्राप्त कर सुग्रीव से कहते हैं :

कोटि विप्र वध लागै जाहू। आये सरन तजउँ नहिं ताहू।
सम्मुख होइ जीव मोहि जबहीं। जन्म कोटि अघ नासहिं तबहीं।

स्त्री, पुरुष, नपुंसक तथा बड़े से बड़ा पापी भी निश्चल भाव से ईश्वर की शरण में जाकर परम गति प्राप्त कर सकता है। आज भी बड़े राजनीतिक दल किन्नरों को समान मानव अधिकार देने में हिचक रहे हैं। तुलसी ने शताब्दियों पूर्व इनके मौलिक अधिकार को स्वीकार किया था। यही नहीं दूसरे अध्याय में स्पष्ट किया जा चुका है कि वे आर्थिक दृष्टि से उन्हें उच्चतम वर्ग के समकक्ष बनाना चाहते थे :

जो सम्पदा नीच घर सोहा। सो बिलोकि सुर नायक मोहा।

केवल चारित्रिक श्रेष्ठता के बल पर ही कोई अधिक सम्मान का अधिकारी हो सकता है। आर्थिक अथवा राजनीतिक सत्ता के आधार पर नहीं।

उत्तरकाण्ड में उन्होंने लिखा है कि राम के शासन में राम सहित चारों वर्णों के लोग राजघाट में स्नान करते थे। सभी गुणवान एवं सुशिक्षित थे :

नहि दरिद्र कोउ दुखी न दीना। नहि कोउ अबुध न लक्षन हीना।
सब गुनग्य पण्डित सब ज्ञानी। सब कृतग्य नहि कपट सयानी।

तुलसी ने सभी वर्णों की कठोर आलोचना की है। शूद्रों की अनुचित निन्दा की चौपाइयाँ निश्चित रूप से क्षेपक हैं, क्योंकि ये तुलसी की मूल प्रवृत्ति के विपरीत है। प्रसन्नता की बात यह है कि क्षेपककर्त्तागण तुलसी की विशाल भविष्य दृष्टि को धूमिल करने में समर्थ नहीं हो सके। विनय पत्रिका में जोड़ना-घटाना क्षेपककर्त्ताओं के वश में नहीं था। अतः तुलसी की मूल दृष्टि विनय पत्रिका में पूर्णतः सुरक्षित है। विनय पत्रिका के राम दीनबन्धु और गरीबनिवाज हैं। विनय पत्रिका में राम की इसी विशेषता को सबसे अधिक दुहराया गया है :

सुर-मुनि-विप्र विहाय बड़े कुल,
गोकुल जनम गोप गृह लीन्हो
बायो दियो विभव कुरुपति को
भोजन जाइ बिदुर घर कीन्हो
मानत भलहिं भलो भगतन तैं
कछुक रीति पारथहिं जनाई।

देवता, मुनि एवं ब्राह्मण के ऊँचे कुल को छोड़कर आपने एक गोप के घर में जन्म लिया। अहंकारी निरंकुश राजा दुर्योधन के ऐश्वर्य को ठुकराकर दासी पुत्र सज्जन विदुर के घर जाकर साधारण भोजन किया। इस अनन्य भक्ति की रीति आपने कुछ-कुछ अर्जुन को बताई थी।

राम गरीब निवाज हैं मैं गही न गरीबी
तुलसी प्रभु निज ओर तैं बनि परै सो कीबी।

राम गरीबों पर कृपा करते हैं परन्तु मैंने गरीबी ग्रहण नहीं की अतएव हे प्रभु! आप अपनी दीन-वत्सलता का ख्याल कर अपनी ओर से ही जो कुछ कर सकें; करने की कृपा करें।

ईसा मसीह ने कहा है कि ईश्वर का राज गरीबों को ही नसीब होगा। डॉ. ग्रियर्सन ने कहा है कि विनय पत्रिका में तुलसी पर ईसाई धर्म का गहन प्रभाव दृष्टिगत होता है। आचार्य हजारीप्रसाद द्विवेदी ने उचित ही उसे हास्यास्पद वक्तव्य कहा है। ऐसा कोई प्रमाण नहीं कि तुलसी ईसाई सन्तों के सम्पर्क में आए थे। यह रामानुज तथा रामानन्द का भी प्रभाव नहीं है। तुलसी स्वयं स्पष्ट संकेत दे

रहे हैं कि उन्होंने गीता से इस सन्देश को ग्रहण किया है। यह तुलसी की मौलिक विशेषता है कि इसे उन्होंने अपरिमित विस्तार प्रदान किया है।

यह एक विलक्षण तथ्य है कि ईसाई धर्म के मूल तत्त्व 'तुलसी दर्शन' में समाहित हैं—मानव सेवा ही प्रभु सेवा है। गरीबों पर ही ईश्वर कृपा करते हैं। वे दीनबन्धु ही नहीं, पतितपावन भी हैं। तुलसी कह रहे हैं कि यह शिक्षा भी उन्होंने गीतोपनिषद् से ही प्राप्त की है। सभी धर्मों के मूल तत्त्व एक ही हैं। केवल कर्मकाण्ड ही भिन्न-भिन्न हैं। कबीर की भाँति तुलसी ने भी केवल प्रेम पर ही जोर दिया है :

रामहिं केवल प्रेम पियारा। जान लेउ जो जाननिहारा।

मूल तत्त्व पर जोर देने के कारण ही सभी धर्मों की श्रेष्ठ बातें तुलसी में उपलब्ध हैं। यह और भी महत्त्वपूर्ण है कि उन्होंने केवल अपने धर्म की बुराइयों का ही निराकरण किया है; अन्य धर्मों की त्रुटियों की ओर संकेत नहीं किया है। अपने धर्म की आत्मा को अपनाकर हम सार्वभौम दृष्टि प्राप्त कर लेते हैं। तुलसी सर्वधर्म समभाव के अन्यतम उदाहरण हैं।

आत्मानुभूति की काव्यात्मक अभिव्यक्ति

अंग्रेजी के विख्यात कवि कीट्स ने कहा है कि उच्च कोटि के कवि में निगेटिव केपेबिलिटी (Negative Capability) होती है। अर्थात् वह दूसरे मनुष्यों के हृदय में प्रवेश कर उनकी भावनाओं की अनुभूति कर सकता है। इसी को पुरानी भाषा में नाट्य प्रतिभा (Dramatic talent) कहा गया है। आंग्ल भाषा के कवियों में यह प्रतिभा सबसे अधिक शेक्सपियर में थी। आंग्ल भाषा के कवियों में शेक्सपियर के पश्चात् कीट्स में ही यह क्षमता सर्वाधिक मानी जाती है। तुलसी ने नाटकों की रचना नहीं की परन्तु रामचरितमानस एवं विनय पत्रिका में नाट्य क्षमता अपने-अपने चरम पर है। इस दृष्टि से उनकी तुलना केवल शेक्सपियर से की जा सकती है। हिन्दी के एक समीक्षक ने नारी निन्दा के प्रसंग में कहा है कि तुलसी की तुलना शेक्सपियर से नहीं की जा सकती। जो ऐसा करते हैं वे काले और सफेद रंगों में भेद नहीं कर सकते। उन समीक्षक महोदय की दृष्टि में शेक्सपियर वस्तुनिष्ठ और तुलसी आत्मनिष्ठ कवि हैं। अतः हैमलेट का यह कथन—Fraility thy name is woman शेक्सपियर की भावना को व्यक्त नहीं करता; केवल हैमलेट की भावना को व्यक्त करता है। उन समीक्षक महोदय को यह नहीं पता कि अंग्रेज समीक्षकों के मत में शेक्सपियर ने सबसे अधिक आत्माभिव्यक्ति हैमलेट के माध्यम से ही की है। फिर भी मैं यह नहीं कहता कि यह विचार पूर्णतः शेक्सपियर का है। शेक्सपियर के दार्शनिक विचारों और

आस्थाओं के सम्बन्ध में बहुत कम ज्ञात है। यह सही है। वह केवल कविता एवं नाटक को ही समर्पित था। तुलसी कवि, भक्त, दार्शनिक और समाज सुधारक भी हैं। फिर भी उनमें सर्वोच्च नाट्य कवि की प्रतिभा है। अतः उनमें दूसरों के हृदय में प्रवेश करने की अद्भुत क्षमता है। शेक्सपियर की भाँति वे मानव मनोविकारों के महान् ज्ञाता हैं। अतएव कविता करते समय उनकी यह क्षमता शीर्ष पर होती है। उन्होंने स्वयं संकेत दिया है कि राम यद्यपि मानव नहीं हैं परन्तु उनकी मानव लीलाओं को श्रेष्ठ मानवीय अनुभूतियों के रूप में ही लिया जाए। दूसरे शब्दों में रामचरितमानस का मूल्यांकन काव्य के मानदण्डों पर ही किया जाए।

अस्तु नाट्य प्रतिभा के धनी कवि में दूसरे मनुष्यों की अनुभूति को हृदयंगम करने की क्षमता सर्वाधिक होती है। इसी बल पर वह मानव को गहराई से प्रभावित करता है। रामचरितमानस में तो यह क्षमता चरम पर है ही; विनय पत्रिका में भी इसके अपूर्व उदाहरण मिलते हैं।

विनय पत्रिका एक प्रगीत काव्य है। इसमें तुलसी ने राम से आत्म निवेदन किया है। वह तुलसी की गहन एवं उत्कट भक्ति का उच्छल प्रवाह है। फिर भी उसमें तुलसी की आत्मानुभूति एवं सामान्य मानव की अनुभूति का ऐसा सामरस्य हैं कि उनको विभक्त करके देखना उसी प्रकार सम्भव नहीं जिस प्रकार शेक्सपियर के नाटकों में उसकी निजी और पात्रों की अनुभूति को अलग-अलग देखना सम्भव नहीं है, कविता में नाटक का स्थान इसीलिए सर्वोच्च है कि उसमें कवि की अनुभूति एवं पात्रों की अनुभूति को विभक्त करके देखना सम्भव नहीं होता। सर्वोच्च कवि अपनी अनुभूतियों को मानव मात्र की अनुभूतियों में परिवर्तित कर देता है तथा सामाजिक अनुभूति को अपनी अनुभूति में आत्मसात कर लेता है। सामाजिक सरोकार और निजी अनुभूतियों को सर्वोच्च काव्य में अलग करना सम्भव नहीं होता। अगर नाट्य अनुभूति में कवि का अन्तरतम उद्घाटित नहीं होता तो वह प्रभावशाली कविता नहीं बन सकती।

विनय पत्रिका में तुलसी आत्मानुभूति को सामान्य मानव अनुभूति के रूप में चित्रित करते हैं। यह भी उनकी सर्वोच्च स्तर की प्रतिभा का परिचायक है। इलियट ने ठीक ही एक छोटे प्रगीत को भी महा नाटक की संज्ञा दी है।

तुलसी राम से प्रार्थना करते हैं कि हे स्वामी! आप अपने स्वभाव से ही मुझ पर कृपा कीजिए :

> आधि मगन मन, व्याधि विकल तन, वचन मलीन झुठाई।
> एतेहुँ पर तुम सों तुलसी की प्रभु सकल सनेह सगाई।

पहली पंक्ति शब्दालंकार द्वारा अनुभूति की मार्मिक अभिव्यक्ति का अप्रतिम

उदाहरण है। इसमें अनुप्रास का उत्कृष्टतम प्रयोग द्रष्टव्य है। मन चिन्ता में 'मगन' है। मगन शब्द द्वारा एक डूबते हुए व्यक्ति का बिम्ब प्रस्तुत किया गया है। डूबते समय कितनी घुटन होती है। मन चिन्ता में आकण्ठ डूबा हुआ है। चिन्ताओं से दम घुट रहा है। चिन्ता से हृदयाघात भी होता है। छटपटाते हुए प्राण पखेरू उड़ भी जाते हैं। एक समीक्षक ने कहा है कि शेक्सपियर के शब्द ही बिम्ब हैं–His words are images. यही बात तुलसी के सम्बन्ध में कही जा सकती है। शारीरिक रोगों से शरीर व्याकुल है। यह अनुप्रास के द्वारा तीव्र व्याकुलता का सशक्त चित्रण है। 'झुठाई' शब्द की सार्थकता देखिए। मन झूठ के व्यापार में लीन है। झूठ का प्रतिरूप हो गया है, अतः मलिन है। विनय पत्रिका की रचना रामचरितमानस के पश्चात् की गई थी। अतः शुद्ध मनोवैज्ञानिक दृष्टिकोण से भी इन्हें सम्पूर्णतः तुलसी की भावनाएँ नहीं माना जा सकता। इसे पश्चात्ताप की ग्लानि में गलते हुए सामान्य मानव की अनुभूतियों का चित्रण ही कहा जाएगा। तुलसी यहाँ मानव मात्र की अनुभूतियों से तादात्म्य स्थापित करते हैं। ये निश्चय करना असम्भव है कि इसमें उनकी निजी अनुभूति का अंश कितना तथा सामान्य मानव की अनुभूति का अंश कितना है। यह उनकी काव्य प्रतिभा का चमत्कार है जो विश्व के विरले कवियों में ही दृष्टिगोचर होता है। इतने पर भी तुलसी के साथ राम का प्रेम सम्बन्ध 'सकल' रूप में है। 'सकल', 'सगाई' और 'स्नेह' शब्दों की व्याप्ति देखिए राम के प्रेम की गहनता, हार्दिकता में कोई कमी नहीं है। अपनी दृष्टि से डॉ. ग्रियर्सन का यह कथन स्वाभाविक है कि तुलसी पर ईसाई धर्म का प्रभाव है। गीता के अन्तिम अध्याय में श्रीकृष्ण अर्जुन से कहते हैं :

सर्वधर्मान्परित्यज्य मामेकंशरणं ब्रज।
अहं त्वा सर्वपापेभ्यो मोक्षयिस्यामि मा शुचः।

सर्व धर्मों का परित्याग कर तू केवल मेरी शरण में आ जा, शोक मत कर, मैं तुझे सम्पूर्ण पापों से मुक्त कर दूँगा। ईसा अपने शिष्यों से यही तो कहते हैं। तुलसी के अध्येता, ईसाई धर्म में पूर्ण निष्ठा रखने वाले फादर कामिल बुल्के मृत्यु के पश्चात् तुलसी से मिलने की कामना रखते थे। इण्डोनेशिया का एक मुसलमान अपने धर्म के प्रति पूरी निष्ठा रखते हुए अच्छा इंसान बनने के लिए रामचरितमानस का पाठ करता था। वर्तमान में मध्यप्रदेश के पं. पारूख रामायणी अपने धर्म के प्रति पूरी निष्ठा रखते हुए, मोक्ष की कामना से, रामचरितमानस का पाठ करते और उस पर प्रवचन करते हैं। यह तुलसी की तात्विक एवं सार्वभौमिक दृष्टि का ही प्रसाद है।

आदि शंकराचार्य अपने एक स्तोत्र में शक्ति से प्रार्थना करते हैं :

जगदम्ब विचित्रमत्र किं परिपूर्णा करुणास्ति चेन्मयि
अपराध परम्परावृतं नहि माता समु पेक्षते सुतम्
मत्समः पातकी नास्ति पापघ्नी त्वत्समा नहिं
एवं ज्ञात्वा महादेवि यथा योग्यं तथा कुरु।

हे जगत् जननी! तुम्हारी मुझ पर पूर्ण कृपा है, इसमें आश्चर्य ही क्या है? अनेक पापों से युक्त पुत्र को भी माता त्याग नहीं देती। हे महादेवि! मेरे समान कोई पापी नहीं है और तुम्हारे समान कोई पाप को नष्ट करने वाला नहीं है यह जानकर जैसा उचित समझें वैसा करें।

इससे भी अधिक मार्मिक श्लोक शंकराचार्य जी ने लिखे हैं फिर भी हजारी प्रसाद द्विवेदी की दृष्टि में ज्ञान मार्ग नीरस है। अद्वैत दर्शन शुष्क है। वैष्णव आचार्यों की दृष्टि में भक्ति में बाधक है। इसी प्रकार राम, विष्णु, शंकर की उपासना में उन्होंने स्तोत्रों की रचना की है। इन सभी को उन्होंने निराकार ब्रह्म का साकार रूप माना है। तुलसी ने भी राम के सम्बन्ध में यही दृष्टि अपनायी है। परन्तु एकमात्र राम को ही ब्रह्म स्वीकार कर, 'विधि, हरि, शम्भु नचावनि हारे' कह कर परम्परा को एक नया आयाम दिया है। इस आरोप का खण्डन कर दिया है कि हिन्दू अनेक देवताओं को ईश्वर मानते हैं और जैसा कि लिखा जा चुका है, यह भी गीता के अनुसार ही है। विनय पत्रिका के पद क्रमांक 199 में अपने मन को सम्बोधित करते हुए समस्त विश्व की परिस्थिति पर प्रकाश डाल रहे हैं :

काहे को फिरत मूढ़ मन धायो
अजहुँ विषय कहँ जतन करत यद्यपि बहु विधि डहँकायो
पावक काम भोगघृत तैं सठ कैसे परत बुझायो
विषयहीन दुख, मिले विपति अति, सुख सपनेहुँ नहिं पायो
उभय प्रकार प्रेत पावक ज्यों धन दुख प्रद श्रुति गायो
छिन छिन छीन होत जीवन, दुरलभ तनु बृथा गँवायो
तुलसिदास हरि भजहिं आस तजि, काल उरग जग खायो।

अरे मूर्ख मन तू धन संचय के लिए क्यों दौड़ रहा है? अनेक प्रकार से छला जाकर भी तू उन्हीं विषयों के लिए आज भी प्रयत्नशील है। अरे दुष्ट! कामना रूपी अग्नि भोग रूपी घृत से कैसे शान्त की जा सकती है? मात्र कामनाओं की असीम तृप्ति हेतु प्रयासरत रहने से सुख नहीं प्राप्त किया जा सकता। धन के अभाव में तू विषादग्रस्त रहा। धन मिलने पर भी बड़ी विपत्ति में फँस गया। स्वप्न में भी आनन्द की अनुभूति नहीं कर सका। स्पष्ट है कि तुलसी अपने माध्यम से सारे संसार का चित्रण कर रहे हैं। धन एकत्र करने की अन्धी दौड़ में सब

शामिल हैं। 'प्रसाद' के शब्दों में सुख, केवल सुख के संग्रह में सारा संसार लिप्त है। श्रुति कहती है कि धन दोनों ही परिस्थितियों में कष्टप्रद है। ध्यान दें कि तुलसी दरिद्रता का समर्थन नहीं कर रहे। वे कह रहे हैं कि हे मानव! जीवन को व्यर्थ न गँवाकर समानता, दया, संयम से प्रेरित होकर 'दीन-पालन' में व्यतीत करो। मैं और मोर का परित्याग कर मानव मात्र की उन्नति के लिए प्रयास करो।

पद 235 में वे फिर कहते हैं कि दीनता दूर करने के लिए तू असंख्य उपाय कर रहा है किन्तु रास्ते के जल की भाँति मलिन और अस्थिर ही रहा। निर्मलता और स्थायी शान्ति नहीं मिली। कुटिल, कायर, दुष्ट, पापों से सने हुए प्राणियों को ईश्वर से बड़ा मानकर उनकी प्रशंसा में मुँह सुखाता रहा। सूर्य के प्रकाश की तरह स्पष्ट है कि तुलसी दीनता का समर्थन नहीं करते परन्तु पर-दारा, परधन के शोषण हेतु मनमाने आचरण करने से शान्ति नहीं मिल सकती :

परदारा, परद्रोह मोहबस किए मूढ़ मन भाए
बाढ़े खल बहु चोर जुआरा जे लम्पट परधन परदारा।

चिन्तामणि को प्राप्त कर ही मन चिन्ता मुक्त हो सकता है। भौतिकता और आध्यात्मिकता के समन्वय से ही स्थायी आनन्द एवं शान्ति मिल सकती है। अपने-पराए के भेद को पूर्णतः भूलकर सबकी उन्नति करने से ही शान्ति मिल सकती है। विश्वरूप ईश्वर की सेवा से ही आनन्द मिल सकता है; चिन्ता दूर हो सकती है। केवल धन एकत्र करने की अन्धी दौड़ में चोरी, हत्या, डकैती, बलात्कार और अशान्ति का ही बोलबाला रहेगा। अनेक पदों में तुलसी ने इस परिस्थिति का मार्मिक चित्रण किया है।

'मोहि मूढ मन बहुत बियोगो' नामक प्रसिद्ध पद में आज के विश्व की मार्मिक अभिव्यक्ति है—'डासत ही गई बीति निसा प्रभु कबहुँ न नाथ नींद भरि सोयो।' मनमाने आचरण द्वारा सम्पत्ति एकत्र करने में सारा जीवन व्यतीत हो जाता है तथा नींद की गोली खाकर ही कुछ देर के लिए सोया जा सकता है। मानसिक रोगियों की संख्या में वृद्धि हो रही है। उपर्युक्त श्रेष्ठ पदों में कवि ने अपनी तीव्र, सघन, मार्मिक अनुभूति के द्वारा मानव जीवन का ही चित्रण किया है। तुलसी के प्रगीतों में भी विश्व एवं व्यक्ति, व्यष्टि एवं समष्टि एकाकार हो जाते हैं। पूर्व निबन्धों में उल्लेख किया जा चुका है कि यह समाहार विश्व के चुने हुए कुछ सर्वोच्च कवियों में ही उपलब्ध है। साधारणतः महाकवि भी या तो व्यक्ति के चित्रण में कुशल होते हैं या समष्टि के। दूसरे शब्दों में कुछ लेखक विशिष्ट पात्रों के चित्रण में कुशल होते हैं तथा कुछ प्रतिनिधि पात्रों के चित्रण में। शेक्सपियर, तुलसी, तोल्सतोय जैसे लेखक कम ही हैं जिनमें यह विभाजक रेखा दिखाई नहीं पड़ती।

आराध्य, आराधना एवं आराधक का अद्वैत

भक्ति सूत्र के 66 वें सूत्र में देवर्षि नारद कहते हैं कि स्वामी, सेवक और सेवा अथवा प्रेमी, प्रेमिका और प्रेम तीन रूपों को भंग कर दास्य भाव से अथवा कान्ता भाव से प्रेम ही करना चाहिए, प्रेम ही करना चाहिए।

> त्रिरूप भंगपूर्वकं नित्य दास नित्य कान्ता भज्नात्यकं वा प्रेमैव कार्यम्
> प्रेमैव कार्यम्।

प्रेम के चरमोत्कर्ष में स्वामी और सेवक, प्रेमी और प्रेमिका एक रूप हो जाते हैं :

> माधव राधा के रंग राते, राधा माधव रंग रई।
> सूरदास प्रभु राधा माधव ब्रज विहार नित नई नई।

अपने आलोचकों को उत्तर देते हुए तुलसी कवितावली में कहते हैं :

> मेरे जाति पाँति न चहौं काहू की जाति पाँति
> मेरे कोउ काम को न हौं काहू के काम को
> लोक परलोक रघुनाथ के ही हाथ सब
> भारी है भरोसो तुलसी के एक नाम को
> अति ही अयाने उपखानों नहिं बूझैं लोग
> साह को ही गोत, गोत होत है गुलाम को
> साधु कै असाधु, कै भलो कै पोच, सोच कहा
> का काहू के द्वार परौं जो हौं सो हौं राम को।

अच्छा कहो, बुरा कहो, ब्राह्मण कहो, राजपूत कहो, जुलाहा कहो मुझे इसकी चिन्ता नहीं है। लोग अत्यन्त अज्ञानी हैं। इस उपखान को नहीं समझते हैं कि गुलाम का गोत्र भी स्वामी का गोत्र हो जाता है। दोनों एक हो जाते हैं। ज्ञान मार्ग में भी ज्ञानी और ब्रह्म एक हो जाते हैं :

> सोइ जानै जेहिं देहु जनाई।
> जानत तुम्हहिं तुम्हहिं होइ जाई।

'जोलहा' शब्द कबीर की ओर संकेत करता है। हजारीप्रसाद द्विवेदी का मत है कि श्रुति सम्मत होने पर भी कवीर और सूर की भक्ति तुलसी को पसन्द नहीं। 'जोलहा कहौ कोऊ' में संकेत है कि तुलसी और कबीर दोनों ही ब्रह्म रूप ही हैं; दोनों एक ही हैं। जिस प्रकार कबीर ने सभी धर्म मार्गों के बाह्याचार की आलोचना

की है उसी प्रकार कबीर पन्थ के अज्ञानी, अहंकारी, कर्मकाण्डी उपासकों को तुलसी ने फटकारा है। वल्लभ मार्ग की भक्ति कहीं-कहीं वासना से पंकिल हो गई थी। विवेकानन्द ने भी इसका उल्लेख किया है। गोपियों की भक्ति की प्रशंसा में तुलसी की निम्न पंक्तियाँ द्रष्टव्य हैं :

जाकी मायाबस बिरंचि सिव नाचत पार न पायो।
करतल ताल बजाय ग्वाल जुबतिन्ह सोइ नाच नचायो।
तज्यो पिता प्रह्लाद, विभीषन बन्धु, भरत महतारी।
बलि गुरु तज्यो कंत ब्रज बनतनि भए मुद मंगल कारी।

'पर ज्ञान' और 'पर भक्ति' का अद्‌भुत समन्वय तुलसी काव्य की महान् विशेषता है फिर भी उन्होंने 'परज्ञान' को 'परभक्ति' के अधीन रखा है। 'परभक्ति' ही जीवन रूपी जलयान का कर्णधार है :

सो सुतन्त्र अवलम्ब न आना।
तेहि आधीन ज्ञान विज्ञाना।

अन्त में एक बात और। वर्तमान काल में, विश्व के महान् धर्मों के, कतिपय बड़े मठाधीश अपने-अपने धर्म की श्रेष्ठता प्रतिपादित करने में संलग्न हैं। तुलसी ने चार शताब्दी पूर्व ही इसका विरोध किया था :

जाति पाँति धनु धरम बड़ाई। प्रिय परिवार सदन सुखदाई।
सब तजि तुम्हहिं रहई उर लाई। तेहिं के हृदय रहहु रघुराई।

जो व्यक्ति अपनी जाति, धन या धर्म के कारण दूसरों से अपने को श्रेष्ठ समझता है उसके हृदय में ईश्वर का निवास नहीं हो सकता। अतः उसकी मुक्ति भी सम्भव नहीं है।

तुलसी की भक्ति का सार है :

रामहिं केवल प्रेमु पिआरा। जान लेउ जो जाननिहारा।

और कबीर का मत है :

पोथी पढ़ि पढ़ि जग मुआ, पण्डित भया न कोय।
ढाई आखर प्रेम का पढ़ै सो पण्डित होय॥

और यह प्रेम तभी प्राप्त किया जा सकता है जब हम 'सम भाव' प्राप्त करें। सबको बराबर समझें। सबको एक दृष्टि से देखें। गीता में समदर्शी को ही पण्डित कहा गया है। कठ उपनिषद् कहती है कि जो किंचित भी भेद देखता है वह मृत्यु

से मृत्यु को प्राप्त होता है। मृत्यु पर विजय दिलाने वाली वस्तु प्रेम ही है :

राम कृपा नहिं करहिं तस जस निष्केवल प्रेम।

सहस्राब्दी के दूसरे महानतम कवि शेक्सपियर ने अपने एक सानेट में कहा है कि संसार के अत्याचार, अन्याय एवं षड्यन्त्र से ऊब कर मैं संसार का परित्याग करना चाहता हूँ। परन्तु इन सबसे मेरा प्रेम अप्रभावित है और मानव जाति को वही मेरी विरासत है। यह एक विचित्र साम्य है कि परस्पर भिन्न व्यक्तित्वों के धनी इन तीन महाकवियों ने विश्व को मात्र एक ही विरासत दी है–'प्रेम'।

मानवीय सम्बन्धों का चरमोत्कर्ष

(भाव भेद रस भेद अपारा)

सभी मानवीय दशाओं तक तुलसी की पहुँच है तथा सभी रसों का उन्होंने मार्मिक चित्रण किया है। इसी कारण आचार्य शुक्ल ने उन्हें हिन्दी का सर्वश्रेष्ठ कवि निरूपित किया है। काव्यशास्त्र के प्राचीन भारतीय आचार्यों ने प्रमुख रसों की सत्ता नौ से अधिक स्वीकार नहीं की है। उनका विवेचन अतिशय गहन, मनोवैज्ञानिक एवं मौलिक है परन्तु तुलसी रसों एवं भावों की संख्या सीमित करने के पक्ष में नहीं हैं :

भाव भेद रस भेद अपारा।

उनके अनुसार मानवीय मनोदशाएँ अनन्त हैं तथा इनकी रस में परिणति सम्भव है। पहले निबन्ध में दर्शाया गया है कि एक ही भाव को अत्यधिक व्यापक एवं जटिल रूप में चित्रित करने में वे शेक्सपियर के समकक्ष हैं। भारतीय आचार्यों ने श्रृंगार को रस राज की संज्ञा दी है। वस्तुतः प्रणय सम्बन्ध अतिशय गहन, मार्मिक और व्यापक है। परन्तु तुलसी की विशेषता यह है कि उन्होंने सभी मानवीय सम्बन्धों को चरमोत्कर्ष तक पहुँचाया है। दाम्पत्य सम्बन्ध जितना उत्कट है उतने ही उत्कट पिता-पुत्र, माता-पुत्र, भाई-भाई, स्वामी-सेवक, राजा-प्रजा तथा सभी मानवीय सम्बन्ध हैं। मुख्यतः वे उदात्त भावनाओं के कवि हैं किन्तु मानव की निम्नतम भावनाओं की अभिव्यक्ति में वे पूर्ण सक्षम हैं। इस दृष्टि से उनकी तुलना विश्व साहित्य के एक अन्य श्रेष्ठतम कवि दान्ते से की जा सकती है।

तुलसी मुख्यतः सहज एवं उत्कट मानवीय सम्बन्धों तथा उदात्त भावनाओं के कवि हैं। हिन्दी साहित्य में विद्यापति, जायसी, सूर, घनआनन्द, प्रसाद, निराला,

पन्त ने मानवीय प्रेम एवं सौन्दर्य का विस्तृत एवं प्रभावी चित्रण किया है। परन्तु तुलसी ने 'पुष्पवाटिका' एवं 'धनुषयज्ञ' प्रसंग में श्रृंगार का इतना आकर्षक, सूक्ष्म तथा मार्मिक चित्रण किया है जो कम से कम हिन्दी साहित्य में बेजोड़ है।

जनक जी की रमणीय पुष्पवाटिका का निरीक्षण कर राम, लक्ष्मण आनन्दित हो उठते हैं। मालीगणों से अनुमति लेकर के पुष्प चयन कर रहे हैं; उसी समय सीता जी के कंकण, किंकिण एवं नूपुर की मधुर ध्वनि सुनकर, राम हृदय में विचार कर लक्ष्मण से कहते हैं कि ऐसा प्रतीत होता है मानो विश्व विजय की कामना से कामदेव ने रणभेरी पर चोट की है। ऐसा कहकर उधर दृष्टिपात करते हैं और सीता को अपलक दृष्टि से देखते रह जाते हैं। हृदय गद्गद हो जाता है, वाणी अवरुद्ध हो जाती है। सारा विश्व प्रेममय दिखाई पड़ता है। मन ही मन सोचते हैं कि विधाता ने अपनी सारी शक्ति लगाकर एक सौन्दर्य मूर्ति की सृष्टि कर, विश्व के समक्ष प्रस्तुत किया है। वह मूर्ति सुन्दरता को भी सुन्दर कर रही है। पुष्पवाटिका अत्यन्त मनोहर है। सीता उसे और मनोहर बना रही हैं। ऐसा प्रतीत होता है मानो शोभा के घर में दीपशिखा प्रज्वलित हो रही है। विदेह पुत्री के सौन्दर्य का अंकन करने में कोई उपमा सक्षम प्रतीत नहीं होती। यह कल्पनाएँ राम के हृदय में ही उत्पन्न हो रही हैं। भावातिरेक से कण्ठावरोध हो गया है। थोड़ी देर पश्चात् अपनी अवस्था का विचार कर अनुज से अवसर के अनुकूल वचन कहते हैं—हे तात यह जनक की वही पुत्री हैं जिनके कारण धनुष यज्ञ हो रहा है। पुष्पवाटिका को प्रकाशित करती हुई विचरण कर रही हैं। मैंने स्वप्न में कभी पराई स्त्री की ओर दृष्टिपात नहीं किया परन्तु इनकी अलौकिक शोभा देखकर मेरा मन क्षुब्ध हो गया है। वे बात लक्ष्मण से कर रहे हैं परन्तु मन सीता के रूप पर लुब्ध है। मुख कमल के छविरूपी पुष्परस का मनरूपी भ्रमर पान करने में लीन है।

यह विश्व साहित्य के श्रेष्ठतम चित्रों में से एक है। यह जितना ही सहज, स्वाभाविक और आकर्षक है उतना ही बहुआयामी और जटिल है। इसमें रोमाण्टिक भावमयता एवं क्लासिकी संयम; कल्पना एवं दर्शन, व्यष्टि एवं समष्टि; वस्तु एवं शिल्प; सौन्दर्य एवं चरित्र एकाकार हो गए हैं। कविता ही मूर्त हो उठी है :

चली सुभग कविता सरिता सो।

नगाड़े की प्रचण्ड ध्वनि भावनाओं एवं कामनाओं की उद्दामता एवं हृद्-धड़कन की तीव्रता की ओर संकेत करती है। अनुज के समक्ष सीता को टकटकी लगाकर देखना भावविह्वलता को चित्रित करता है। विधातारूपी कलाकार द्वारा अपनी कृति को विश्व के समक्ष प्रस्तुत करना इस दार्शनिक तथ्य को रेखांकित करता है कि कलाकार यद्यपि स्वान्तः सुख के लिए सृजन करता है। परन्तु वह अपनी संवेदना को विश्व को प्रेषित भी करना चाहता है। तथा यश की कामना भी करता है।

विदेह की पुत्री के सौन्दर्य का चित्रण किसी उपमा द्वारा सम्भव नहीं क्योंकि आत्मिक सौन्दर्य का केवल अनुभव ही किया जा सकता है। ब्रह्म की भाँति वह केवल अनुभव गम्य है। सीता वाटिका को प्रकाशित कर रही हैं। हिन्दी फिल्म अभिनेता ऋतिक रोशन के लिए एक अमरीकी फिल्म निर्देशक ने कहा है कि उसके कमरे में प्रवेश करते ही कमरे की चमक में वृद्धि हो जाती है। सौन्दर्य मात्र में यह शक्ति है फिर प्रेमी के लिए तो यह अनुभव नितान्त स्वाभाविक एवं मनोवैज्ञानिक है। अनुज को उनकी यह अवस्था उनकी चारित्रिक दुर्बलता प्रतीत हो सकती है अतः राम का यह कथन स्वाभाविक एवं उपयुक्त है कि उन्होंने स्वप्न में भी पराई स्त्री की ओर दृष्टि नहीं फेरी किन्तु जानकी की अलौकिक शोभा ने उनके मन को क्षुब्ध कर दिया है; अतः वे उनकी चिरसंगिनी ही हैं। लक्ष्मण युवा हैं, यह समस्या भी विद्यमान है कि वे भी सीता की ओर आकर्षित हो सकते हैं। अतएव तुरन्त अपनी भावनाओं से उन्हें परिचित कराना आवश्यक है। फिर भी लक्ष्मण से 'बतकही' करते समय उनका मन रूपी भ्रमर सीता के शोभा रूपी पुष्परस का पान कर रहा है। इतना जटिल एवं सूक्ष्म; साथ ही इतना सहज, स्वाभाविक एवं प्रभावी चित्रण कवि की अद्वितीय प्रतिभा का द्योतक है।

अब सीता की अवस्था देखिए। जब सखियों ने लता की ओट में राम को दिखलाया तो उनके नेत्र ललचाई दृष्टि से राम को देखने लगे। वे इतनी प्रसन्न हुईं मानो उन्हें अपना जन्म जन्मान्तर का राजकुमार मिल गया हो। नेत्र थक गए। पलकों का गिरना बन्द हो गया। सखियों के सामने राम को घूरना उचित नहीं है। अतएव नेत्र रूपी मार्ग से, राम की छवि को, हृदय में धारण कर, पलक रूपी कपाट को बन्द कर देती हैं। जब इस तरह सीता देर तक खड़ी रहती हैं तो उनकी सखियाँ संकुचित हो जाती हैं परन्तु कुछ कह नहीं पातीं। भानुकुलभूषण के अप्रतिम सौन्दर्य को देखकर सखियाँ भी अपने आप को भूल गईं तथा उनके एकदम सामने आ जाने पर, एक सखी धैर्य धारण कर, सीता का हाथ पकड़कर कहती है कि पार्वती का ध्यान बाद में कर लेना अभी राजकुमार को देख क्यों नहीं लेतीं। तब संकोचपूर्वक सीता नेत्र खोलती हैं तथा नख से शिख तक राम की शोभा देखती हैं एवं पिता के दारुण प्रण का स्मरण कर अतिशय क्षुब्ध हो जाती हैं। जब इस प्रकार राम को निहारती हुई सीता देर तक खड़ी रह जाती हैं तो सखियाँ भयभीत हो जाती हैं। तथा कल फिर इसी समय आने की बात कर मन ही मन विहँसने लगती हैं। उनकी रहस्यमय वाणी सुनकर सीता संकुचित हो जाती हैं तथा माता के भय से चिन्तित हो उठती हैं। अत्यन्त कठिनता से धैर्य धारण कर घर लौटने लगती हैं। मृग एवं पक्षियों को देखने के बहाने बार-बार पीछे मुड़ती हैं तथा जितना ही राम को देखती हैं उतनी ही प्रीति बढ़ती जाती है। शोभा, स्नेह, आनन्द एवं गुणों की खान सीता की लौटती हुई छवि को राम परम प्रेम की कोमल स्याही से

सुन्दर चित्त रूपी फलक पर अंकित कर लेते हैं :

देखन मिस मृग विहग तरु फिरई बहोरि बहोरि।
निरखि निरखि रघुवीर छवि बाढ़ै प्रीति न थोरि।
प्रभु जब जात जानकी जानी। सुख सनेह शोभा गुन खानी।
परम प्रेम मय मृदु मसि कीन्हीं। चारु चित्त भीति लिखि लीन्हीं।

जब गुरु की आज्ञा से राम धनुष तोड़ने हेतु आसन छोड़कर खड़े हो जाते हैं उस समय सीता की व्याकुलता का सशक्त सजीव, घनीभूत, रमणीय एवं दर्शनीय चित्र देखिए। सीता का शरीर रोमांचित हो जाता है, नेत्र प्रेमाश्रु से आप्लावित हो जाते हैं तथा धैर्य धारण कर वे देवताओं को मनाने लगती हैं। व्याकुल होकर मन ही मन शंकर पार्वती से प्रार्थना करती हैं कि आप प्रसन्न होकर मेरी सेवा का सुफल दीजिए। गणेश से विनती करती हुई कहती हैं कि हे वरदायी गणेशजी मैंने आज के लिए ही आपकी सेवा की है तथा आप से बार-बार प्रार्थना करती हूँ कि धनुष के भारीपन को अत्यन्त कम कर दीजिए। भरपूर नेत्रों से राम की शोभा को अच्छी तरह देखकर वे पिता के दारुण प्रण का स्मरण कर क्षुब्ध हो जाती हैं। लाभ-हानि का कुछ भी विचार न कर पिताश्री ने कठिन प्रतिज्ञा की है। भय के मारे सचिव भी उचित सलाह नहीं दे रहे तथा मनीषियों के समाज में बड़ी अनुचित बात हो रही है। वज्र से भी अधिक कठोर धनुष को कोमल शरीर वाले श्री राम कैसे तोड़ सकेंगे। मैं धर्य कैसे धारण करूँ! क्या सिरस-फूल के कण हीरा को बेध सकते हैं? सीता अत्यन्त दुखी हैं। एक क्षण सौ युगों के समान प्रतीत हो रहा है। विकल सीता राम को देखकर संकोच के मारे पृथ्वी की ओर देखने लगती हैं। उनके चंचल नेत्र इतने सुन्दर प्रतीत होते हैं मानो चन्द्रमण्डल रूपी डोल में कामदेव की दो मछलियाँ खेल रही हों। इतनी अधीर होकर भी सीता लज्जा के कारण कुछ कह नहीं पा रही हैं। परिताप से उनके नेत्र अश्रुप्लावित हो जाते हैं। परन्तु वे पूरी शक्ति लगाकर उन्हें छलकने नहीं देतीं। अपनी बढ़ी हुई व्याकुलता के कारण वे संकुचित हो जाती हैं। तथा अपने व्यक्तित्व की गरिमा की रक्षा हेतु, अपने प्रेम पर विश्वास कर, धैर्य धारण करती हैं। जो जिससे सच्चा प्रेम करता है, वह उसे अवश्य प्राप्त कर लेता है। वे प्रिय को देखकर शरीर से प्रेम ठान लेती हैं। अर्थात् यदि राम से विवाह सम्भव नहीं है तो वे शरीर का परित्याग कर देंगी। जो अपने प्रिय या आदर्श से सच्चा प्रेम करता है वह उसके लिए अपने प्राणों का बलिदान करने हेतु तत्पर रहता है। अतः उसे आत्मिक रूप से अवश्य प्राप्त कर लेता है। जूलिएट ने प्राण देकर रोमियो को प्राप्त किया था। गाँधी ने प्राण देकर अपने प्रिय आदर्श को प्राप्त किया था :

प्रभुहिं चितव पुनि चितव महि राजत लोचन लोल।
खेलत मनसिज मीन जुग जनु बिधु मण्डल डोल॥
गिरा अलिनि मुख पंकज रोकी। प्रगट न लाज निसा अवलोकी।
लोचन जलु रह लोचन कोना। जैसे परम कृपन कर सोना।
सकुची व्याकुलता बड़ि ज्ञानी। धरि धीरजु प्रतीति उर आनी।

यहाँ प्रेम का सर्वोच्च रूप साकार हो उठा है। भाव एवं शिल्प की अद्‌भुत समरसता है। तीव्र भावावेग तथा अतिशय संयम का संगम है। प्रेम के लिए मर मिटने का सन्देश है। कबीर और तुलसी दोनों कहते हैं कि प्रेम को सिर देकर ही प्राप्त किया जा सकता है। और इसे कोई भी प्राप्त कर सकता है :

प्रेम न बाड़ी ऊपजे, प्रेम न हाट बिकाय।
राजा परजा जेहि रुचै, सीस देइ लैजाय॥

धनुष तोड़ने के पहले राम ने उपस्थित जन समूह की ओर देखा। सब लोग चित्र की भाँति स्तब्ध थे। फिर राम ने सीता को अत्यन्त विकल देखा। क्षण उनके लिए युग के समान बीत रहा था। यदि प्यासा व्यक्ति जल के अभाव में प्राण त्याग दे तो अमृत सरोवर भी किस काम का? फसल के सूख जाने पर वर्षा से क्या लाभ ऐसा सोचकर राम ने पुनः जानकी को देखा। उनके विशिष्ट प्रेम को देखकर राम रोमांचित हो उठे तथा एक क्षण में ही धनुष तोड़ दिया। उसे लेते, चढ़ाते तथा जोर से खींचते किसी ने नहीं देखा :

देखी विपुल विकल वैदेही। निमिष विहात कलप सम तेही।
तृषित बारि बिनु जो तनु त्यागा। मुए करइ का सुधा तड़ागा।
का वर्षा जब कृषी सुखाने। समय चुके पुनि का पछिताने।
अस जिय जानि जानकी देखी। प्रभु पुलके लखि प्रीति विषेखी।
लेत चढ़ावत खैंचत गाढ़े। काहू न लखा देख सब ठाढ़े।

धनुष भंग के पश्चात् जब सीता राम को जयमाला पहनाने उनके निकट ज़ाती हैं तो समीप से राम का सौन्दर्य देखकर चित्र के समान स्तब्ध खड़ी रह जाती है। भाव विह्वल होकर माला पहनाना ही भूल जाती हैं। भावमग्न सीता यह भी भूल जाती हैं कि वे सहस्रों लोगों के बीच खड़ी हैं। तब चतुर सखियाँ समझाकर सुहावनी माला पहनाने के लिए कहती हैं। फिर भी प्रेम विवश सीता से माला पहनाई नहीं जाती। बड़ी कठिनता से वे माला पहना पाती हैं :

जाई समीप राम छवि देखी। रहि जनु कुँअरि चित्र अवरेखी।
चतुर सखीं लखि कहा बुझाई। प्रेम बिबस पहिराइ न जाई।

यह प्रेम की भावमग्नता का अप्रतिम चित्र है।

वन गमन के समय जब राम यह कहकर कि आदरपूर्वक सास, ससुर की सेवा से बढ़कर दूसरा कोई धर्म नहीं है; सीता से अयोध्या में रहने का अनुरोध करते हैं; उस समय सीता के उद्गार दाम्पत्य प्रेम की पराकाष्ठा को चित्रित करते हैं। सीता राम को सम्बोधित कर कहती हैं कि हे प्राणों के स्वामी! हे करुणानिधान! हे सौन्दर्य के प्रतीक! हे आनन्ददाता! हे मनीषी! हे रघुकुलरूपी कुमुद के चन्द्र! आपके बिना स्वर्ग भी नरक के समान है। माता, पिता, प्रिय भाई, बहन, प्रिय परिवार एवं मित्रगण, सास, ससुर, गुरु, स्वजन एवं सहायक, सुन्दर, सुशील, सुखदायी पुत्र जहाँ तक प्रेम के सम्बन्ध हैं प्रिय के अभाव में पत्नी के लिए सूर्य से अधिक तप्त करने वाले हैं। शरीर, धन, घर, पृथ्वी, नगर एवं राज्य पति के बिना अत्यधिक शोकप्रद हैं। भोग रोग के समान, आभूषण भारमय तथा संसार नरक के समान कष्टप्रद है। हे स्वामी! आपके बिना संसार में मेरे लिए कहीं भी, कोई भी वस्तु सुखद नहीं है। पति के बिना पत्नी प्राण विहीन देह एवं जल विहीन नदी के समान है। हे नाथ! वन के जिन घनीभूत दुख, विषाद एवं सन्तापों का आपने वर्णन किया है वे सब मिलकर भी आपके वियोगजन्य विषाद के एक कण की बराबरी भी नहीं कर सकते। हे दीनबन्धु! हे सुन्दर! हे आनन्द, शील एवं प्रेम के भण्डार! यदि वनवास की अवधि तक आप मुझे अयोध्या में रखते हैं तो मेरे प्राण शरीर में नहीं रह सकेंगे।

'पलंग पीठ तजि गोद हिंडोरा। सिय न दीन्ह पगु अवनि कठोरा' पढ़कर जिन समीक्षकों को सीता रीतिकालीन नायिका की भाँति प्रतीत होती हैं उन्हें राम चरितमानस के संवादों के 'नाट्य तत्त्व' का ज्ञान नहीं है। मानस के संवाद पात्रों की भावनाओं तथा चरित्र को उजागर करते हैं। संवाद समूह ही काव्यगत सत्य का उद्घाटन करते हैं। प्रबन्ध काव्य अथवा नाटक के सम्पूर्ण संवाद एवं कथानक का आदि, मध्य एवं अन्त सब मिलकर ही काव्यगत सौन्दर्य को अभिव्यक्त करते हैं। यह काव्य का स्वरूप है जो उसे दर्शन एवं विज्ञान से भिन्न करता है। अरस्तू, कॉलरिज आदि विश्व के महान् समीक्षकों ने इस पर प्रकाश डाला है और तुलसी ने भी इसी पर जोर दिया है। उपर्युक्त संवाद कौशल्या का है तथा उसमें सीता के प्रति उनका असीम स्नेह ही अभिव्यक्त हुआ है। अत्यधिक अनुराग के कारण कौशल्या, सीता की कोमलता एवं सौन्दर्य का अतिरंजित वर्णन कर रही हैं। उनके व्यक्तित्व के अन्य तत्त्वों की ओर इस समय उनका ध्यान नहीं है। ध्यान रहे कि नाटक के संवाद, समय के किसी मोड़ पर, पात्रों की संवेदना एवं चरित्र के किसी अंश को प्रतिध्वनित करते हैं। अपने कातर वचनों के अन्त में सीता नर-नारी के समान अधिकारों एवं लक्ष्यों का उद्घोष करती हैं :

मैं सुकुमारि नाथ वन जोगू। तुम्हहिं उचित तप मोकहुँ भोगू।

मैं सुकुमारी हूँ और आप वन के योग्य; आपको तप उचित है और मुझे भोग! हम दोनों युवा हैं, सुन्दर हैं, सुकुमार हैं अतएव दोनों के लिए दो भिन्न आदर्श कैसे हो सकते हैं? विनम्रता एवं दृढ़ता का; कोमलता एवं तेजस्विता का संगम तुलसी के काव्य की सामान्य विशेषता है। कहा जा सकता है कि यह सर्वोच्च काव्य मात्र की सामान्य विशेषता है। इस चुनौती के पश्चात् पुनः विरह वेदना की तीव्रता की अभिव्यक्ति करते हुए कहती हैं कि ऐसे कठोर वचन सुनकर भी यदि मेरा हृदय नहीं फटा तभी मेरे पामर प्राण आपके वियोग के विषम दुख को सहेंगे :

ऐसेउ वचन कठोर सुनि जौं न हृदय बिलगान।
तौ प्रभु विषम वियोग दुख सहिहहिं पावँर प्रान।

अब राम को यह स्पष्ट हो जाता है कि हठपूर्वक अयोध्या में रखने पर सीता प्राण त्याग देंगी तथा वे तुरन्त कहते हैं कि चिन्ता छोड़कर वन साथ चलो :

परिहरि सोचु चलहु वन साथा।

माता के अनुरोध पर सीता से अयोध्या में रुकने का आग्रह करने के पूर्व राम कहते हैं कि हे राजकुमारी! मेरी शिक्षा का कोई अन्य तात्पर्य न समझ लेना। मैं सैकड़ों शपथ खाकर शुभ भावना से ही कहता हूँ कि मैं केवल माता की सान्त्वना के लिए ही तुम्हें अयोध्या में रखना चाहता हूँ। सैकड़ों शपथ केवल इसीलिए खाते हैं कि सीता कहीं यह न समझ लें कि राम उनसे प्रेम नहीं करते। उनके वियोग का किंचित भी दुख उन्हें नहीं है। सत्य के महान् व्रती के रूप में विख्यात राम का सैकड़ों सौगन्ध खाना ही उनकी संवेदना को व्यक्त करता है।

अशोक वाटिका में सीता को धैर्य बँधाते हुए हनुमान कहते हैं कि हे माता! आपके दुख से करुणानिधान राम दुखी हैं। आप अन्तर को विषादग्रस्त न होने दें। राम के मन में आपके प्रति दुगना प्रेम है। इस नाटकीय संवाद का यह अर्थ करना उचित नहीं होगा कि सीता से अधिक राम का प्रेम गहरा है। हनुमान सीता की व्यथा से अत्यधिक दुखी होकर ही सान्त्वना देने के लिए ऐसा कहते हैं। यहाँ उनकी सीता के प्रति अपरिमित सहानुभूति तथा राम के प्रति असीम भक्ति एक साथ व्यक्त हुई हैं। यह कथन हनुमान के चरित्र को उद्घाटित करता है। राम के सन्देश में उनकी व्यथा का मार्मिक अंकन हुआ है। राम का सन्देश सुनाते समय हनुमान का हृदय गद्गद तथा नेत्र प्रेमाश्रुप्लावित हो जाते हैं। चरित्र चित्रण की कला में तुलसी श्रेष्ठतम कवियों के समकक्ष हैं। हनुमान राम के प्रेम से पुलकित हैं। सीता जैसी महीयसी नारी के प्रति प्रियतम में असीम अनुराग होना ही चाहिए।

यही देखकर हनुमान प्रसन्न हैं। निम्न कथन भी हनुमान के गौरव को रेखांकित करता है :

अस कहि कपि गदगद भयउ भरे विलोचन नीर।

सीता के वियोग में राम को सभी व्यक्ति एवं पदार्थ प्रतिकूल प्रतीत होते हैं। वृक्षों के कोमल नए पत्ते अग्नि के समान, रात कालरात्रि के समान एवं चन्द्रमा सूर्य के समान सन्तप्त करते हैं। कमलों के चित्ताकर्षक वन भालों के समान प्रतीत होते हैं। मेघों का शीतल जल खौलते हुए तेल के समान प्रतीत होता है। शीतल, मन्द, सुगन्ध समीर सर्प के समान मरणान्तक कष्ट देता है। शुभचिन्तकों का साथ भी पीड़ादायक लगता है। कहने से भी दुःख कुछ कम हो जाता है। यह एक मनोवैज्ञानिक सत्य है। पर राम किससे कहें? अनुज से जो स्वयं अपनी प्रिया को चौदह वर्ष के लिए छोड़कर आया है अथवा सुग्रीव से जो अत्याचार से मुक्ति हेतु उनकी शरण में आया है। मेरे दुख को कोई नहीं जानता। तुम्हारे वियोग जन्य दुख को केवल मेरा मन ही जानता है और वह मन सदा तुम्हारे पास ही रहता है। मैं प्रतिक्षण तुम्हारा स्मरण करता हूँ। मेरा मन तुम्हारे पास ही है। फिर भी अपनी इस व्यथा को वे हनुमान से व्यक्त करते हैं। हनुमान इसके लिए सत्पात्र हैं। वे सारे संसार की व्यथा अनुभव कर सकते हैं। और उसको दूर करना ही उनके जीवन का लक्ष्य है :

मैं सेवक सचराचर रूप स्वामि भगवन्त।

पुत्र जन्म का समाचार सुनते ही राजा दशरथ जैसे ब्रह्मानन्द में विलीन हो गए। प्राचीन भारतीय आचार्यों ने काव्यजन्य आनन्द को ब्रह्मानन्द सहोदर कहा है। सहोदर का फिर भी अलग अस्तित्व है। दशरथ तो ब्रह्मानन्द में ही डूब गए। अर्थात् उन्हें अपरिमित एवं सर्वोच्च आनन्द की अनुभूति हुई। मन परम प्रेम में समा जाने से शरीर शिथिल एवं रोमांचित हो उठा। प्रयत्नपूर्वक ही वे आसन से उठ सके। इसीलिए जब राक्षसों से मुक्ति हेतु विश्वामित्र ने राम तथा लक्ष्मण को साथ ले जाने की अनुमति माँगी तो राजा का हृदय कम्पित हो उठा तथा मुख निष्प्रभ हो गया। उन्होंने कहा—ब्राह्मण देवता आपने विचार कर माँग नहीं की। प्रौढ़ावस्था में मुझे चार पुत्र मिले हैं। सब मुझे प्राणों के समान प्रिय हैं और राम को तो देते ही नहीं बनता। मैं प्रसन्नतापूर्वक भूमि, गाय, धन, कोष यहाँ तक कि अपना सर्वस्व देने के लिए प्रस्तुत हूँ। प्राणों से प्रिय कुछ नहीं होता; वह भी मैं एक क्षण में दे सकता हूँ परन्तु आप मेरे पुत्र न माँगिए। राजा के प्रेम पूर्ण वचन सुनकर ज्ञानी मुनि विश्वामित्र का हृदय भी हर्ष से भर गया।

जब कैकेयी ने राम के लिए चौदह वर्ष का वनवास माँगा तो दशरथ सहम

गए; शब्द गले में अटक गए। जैसे वन में बाज बटेर पर झपटा हो और ताड़ के वृक्ष पर वज्रपात हो गया हो। मस्तक पर हाथ रखकर, दोनों नेत्र बन्द करके वे चिन्तामग्न हो गए। वे चिन्ता का साकार रूप प्रतीत हो रहे थे। उनके मनोरथ रूपी पल्लवित, पुष्पित कल्पवृक्ष को हथिनी ने जड़ समेत उखाड़कर फेंक दिया। अतिशय अवसादग्रस्त अवस्था में भी जनहितैषी राजा ने सोचा कि कैकेयी ने अवध को उजाड़ दिया तथा विपत्ति की अचल नींव डाल दी :

गयउ सहमि नहिं कछु कहि आवा। जनु सचान वन झपटेउ लावा।
विवरन भयउ निपट नर पालू। दामिनि हनेउ मनहुँ तरु तालू।
माथे हाथ मूँदि दोउ लोचन। तनु धरि सोच लाग जनु सोचन।
मोर मनोरथ सुर-तरु फूला। फरत करिनि जनु हतेउ समूला।
अवध उजार दीन्हि कैकेयी। दीन्हिसि अचल विपत्ति कै नेई।

वे कैकेयी से प्रार्थना करते हैं कि भरत अवश्य युवराज बनेंगे परन्तु राम को वनवास न दो। मछली जल के बिना जीवित रह सकती है परन्तु मैं राम के बिना जीवित नहीं रह सकता। यह सुनते ही कैकेयी अत्यन्त क्रुद्ध हो जाती है और कहती है कि राजन् आप मन में अच्छी तरह समझ लीजिए कि यदि प्रातःकाल होते ही राम मुनि वेश धारण कर वन नहीं जाते तो मैं प्राण त्याग दूँगी और आप का अपयश सारे विश्व में व्याप्त हो जाएगा। राजा समझ गए कि बात सच है; स्त्री के बहाने मृत्यु सिर पर नाच रही है। व्याधि को असाध्य समझकर राजा राम राम कहते हुए सिर पीटकर पृथ्वी पर गिर पड़े। वे अत्यन्त विकल हो गए, सारा शरीर शिथिल पड़ गया, मानो हथिनी ने कल्पवृक्ष को उखाड़ फेंका हो। वे जल के अभाव में मछली की तरह तड़पने लगे। गला सूख गया, शब्द मुख में अटक गए। इतने पर भी कठोर वचन कहकर कैकेयी घाव में जहर भर रही थी :

देखि व्याधि असाध नृपु परेउ धरनि धुनि माथ।
कहत परम आरत वचन राम राम रघुनाथ॥
व्याकुल राउ शिथिल सब गाता। करिनि कलपतरु मनहिं निपाता।
कण्ठ सूख मुख आव न बानी। जनु पाठीन दीन बिनु पानी।
पुनि कह कटु कठोर कैकेई। मनहुँ धायँ महुँ माहुर देई।

महाकवि ने राजा दशरथ की व्यथा एवं विकलता का अत्यन्त शक्तिशाली चित्र प्रस्तुत किया है। सचिव के साथ आकर राम ने देखा कि पिता की अवस्था अत्यन्त बुरी है मानो सिंहनी को देखकर बूढ़ा हाथी सहमकर पृथ्वी पर गिर पड़ा हो। होंठ सूख रहे हैं, सारा शरीर जल रहा है। मानो मणि खोकर सर्प अत्यन्त असहाय हो गया हो। पास बैठी हुई कैकेयी ऐसी प्रतीत हो रही थी जैसे मृत्यु राजा की

अन्तिम घड़ियाँ गिन रही हो।

होश आने पर दशरथ राम को देखते ही रह जाते हैं। नेत्रों से अश्रुधारा प्रवाहित होने लगती है। शोक विवश होने से कुछ कह नहीं पाते; बार-बार राम को हृदय से लगाते हैं। शंकरजी से प्रार्थना करते हैं कि आप मुँह माँगा दान देने वाले हैं; शीघ्र ही प्रसन्न हो जाते हैं अतएव मुझे अपना दीन भक्त जानकर मेरे दुख को दूर करें। राम को ऐसी बुद्धि दें कि वे मेरी आज्ञा का पालन न करें; शील एवं स्नेह का परित्याग कर घर ही रह जाएँ। पूर्व पुण्यों के फलस्वरूप मिलने वाला स्वर्ग चाहे मुझे न मिले; मेरा सुयश नष्ट हो जाए तथा जगत् में मेरा अपयश फैल जाए; मैं सभी प्रकार के दुख सहने के लिए तैयार हूँ, केवल राम मेरे नेत्रों के समक्ष रहें। राजा मन ही मन यह सोच रहे हैं; कुछ बोल नहीं रहे; पीपल के पत्ते की भाँति उनका मन डोल रहा है। राजा के अन्तःसंघर्ष एवं व्यथा का यह अत्यन्त प्रभावी चित्र है।

इतना तो निश्चित है कि दशरथ राम से ही सर्वाधिक प्रेम करते हैं; वे ही उनके प्राणों के प्राण और जीवन के आधार हैं। दशरथ महान् योद्धा, कुशल शासक एवं जनता के प्रिय राजा हैं किन्तु किंचित काम सम्बन्धी दुर्बलता उनमें विद्यमान थी। देवराज इन्द्र जिनके भुजबल के सहारे राक्षसों से निर्भय होकर जीवनयापन करता है; सम्पूर्ण राजा जिनका रुख देखते रहते हैं; जो त्रिशूल, वज्र और तलवार की चोट वीरतापूर्वक सहते हैं, वे ही कामदेव के पुष्पबाण से आहत हो रहे हैं; कैकेयी कोप भवन में है यह सुनते ही उनके पाँव भयवश आगे नहीं बढ़ रहे हैं :

सुरपति बसइ बाँह बल जाके। नरपति सकल रहहिं रुख ताके।
सो सुनि तिय रिस गयउ सुखाई। देखहुँ काम प्रताप बड़ाई।

तुलसी कहते हैं कि काम के प्रताप की महिमा देखिए। सुग्रीव ने ठीक ही कहा है कि नारी के नेत्र रूपी वाण जिसे आहत नहीं करते; क्रोध रूपी घनी अँधेरी रात में जो जागता रहता है; जिसने लोभ रूपी पाश से अपनी गर्दन नहीं बँधने दी है, वह महान् व्यक्ति तो आपके समान ही है :

नारि नयन सर जाहि न लागा। घोर क्रोध तम निसि जो जागा।
लोभ पाँस जेहिं गर न बँधाया। सो नर तुम्ह समान रघुराया।

यद्यपि सुग्रीव ने आत्मरक्षा के लिए तथा राम को प्रसन्न करने के लिए ही इन शब्दों का प्रयोग किया है फिर भी वे पूर्णतः सत्य हैं। इससे तुलसी का यह कथन बाधित नहीं होता कि राजा दशरथ के समान कोई नरेश न हुआ है और न होगा।

अपनी ही दुर्बलता के कारण राजा धर्म और प्रेम के इस कठिन संग्राम में

फँस गए हैं। अपने प्राणों का त्याग कर वे दोनों को प्राप्त कर लेते हैं। उनके समक्ष दूसरा कोई विकल्प नहीं है। फिर भी वे छल त्यागकर राम को रोकने के लिए बहुत उपाय करते हैं। यहाँ तक कि शील के साकार रूप राम को विनम्रतापूर्वक कहना पड़ता है कि हे तात! प्रिय के प्रेमवश कर्तव्यच्युत होने पर यश नष्ट हो जाता है तथा सर्वत्र निन्दा होती है :

तात किएँ प्रिय प्रेम प्रमादू। जसु जग जाइ होइ अपवादू।

पिता उचित ही प्रश्न करते हैं कि तुम्हें मुनि सम्पूर्ण दृश्यमान जगत् का स्वामी कहते हैं; वेद कहते हैं और सब लोग उसका समर्थन करते हैं कि शुभ और अशुभ कर्म करने वाले को ही ईश्वर विचारपूर्वक फल देते हैं। परन्तु भगवान की यह कैसी लीला है कि अपराध कोई और करता है तथा फल किसी और को मिलता है? अपराध मेरा है और दण्ड तुम्हें मिल रहा है। राम मौन रह जाते हैं। राजा का यही दुर्वह आत्मसंघर्ष है। सत्य संकल्प, धर्म की साक्षात् प्रतिमा राम को उनके कारण दण्ड मिल रहा है। राम के प्रति असीम प्रेम के कारण ही वे छल त्यागकर राम को रोकने का प्रयत्न करते हैं। ऐसा न करने पर उनका प्रेम कृत्रिम प्रतीत होता। परन्तु इसका यह तात्पर्य नहीं है कि दशरथ सत्य का परित्याग कर देते। अन्यथा वे यह अनुभव नहीं करते कि स्त्री के बहाने मृत्यु सिर पर नाच रही है 'तिय मिस मीचु सीस पर नाची'। वे यह जानते थे कि राम कभी भी उनके सत्य को नष्ट नहीं कर सकते। इसी से उनकी विकलता और भी बढ़ जाती है।

कैकेयी कहती है कि राम तुम नरेश को प्राणों से भी प्रिय हो; पुण्य, यश, स्वर्ग चाहे नष्ट हो जाएँ, वे कभी भी तुम्हें वन जाने के लिए नहीं कह सकते। राजा को ये शब्द बाण के समान लगते हैं तथा वे मन में कहते हैं कि अभागे प्राण इतना सुनकर भी प्रयाण नहीं करते। दूसरे ही क्षण वे मूर्छित हो जाते हैं। लोग व्याकुल हो जाते हैं। किसी को कुछ सूझ नहीं पड़ता कि क्या करे? राम तुरन्त मुनिवेश धारण कर तथा पिता-माता को प्रणाम कर वन के लिए प्रस्थान करते हैं। तुलसी के अनुसार प्रिय के लिए प्राणों का बलिदान ही सर्वोच्च आदर्श है तथा राजा दशरथ को सत्य और राम दोनों ही प्रिय थे। राजा प्राण त्यागकर अपने आदर्श से एकरूप हो जाते हैं। शेक्सपियर ने भी कहा है कि संसार में सर्वोच्च सम्मान का पात्र वही है जो अपने मित्रों के लिए अपने जीवन का बलिदान करता है :

Who lays down his life for his friends.

जिस समय राम माता कौशल्या से वनगमन की आज्ञा लेने पहुँचे, उनका मुख प्रसन्न था और मन में चौगुना उत्साह था। राम का मन नए पकड़े गए युवा हाथी के समान तथा राज उसे बाँधने वाली काँटेदार लोहे की जंजीर के समान था।

वन गमन का आदेश सुनकर राज-बन्धन से मुक्ति मिल गई तथा उनके हृदय का आनन्द बहुत बढ़ गया। पिता की सत्यनिष्ठा तथा विमाता के दुर्निवार हठ के संयोग से यह चिन्ता समाप्त हो गई कि पिता स्नेहवश कहीं रोक न लें। राम चिन्तित थे कि छोटे बन्धुओं को वंचित कर उनका राजतिलक हो रहा है। उस चिन्ता से मुक्त होने पर अमिश्र आनन्द से उनका मुख प्रकाशित हो रहा था अतः माता कौशल्या को अनिष्ट का किंचित भी सन्देह नहीं हुआ। राम के प्रणाम करने पर हृदय से लगाकर उन्होंने आशीर्वाद दिया। शरीर पुलकित हो गया। नयन स्नेह जल से परिपूर्ण हो गए। वे बार-बार पुत्र का चुम्बन लेने लगीं। वे इतनी आनन्दित हुई जैसे कंगाल को कुबेर का पद मिल गया हो। जब राम ने मीठे शब्दों में पिता द्वारा वन-गमन के आदेश की सूचना दी तो उनके शीतल वचन सुन माता सहमकर सूख गईं। जैसे वर्षा के जल से जवास सूख जाता है। उनका हृदय अकथनीय विषाद से भर गया मानो सिंह का गर्जन सुनकर हिरणी सहम गई हो। वे माँजा खाकर बदहवास हो गई मछली की भाँति प्रतीत हो रही थीं। माता ने कहा–तुम पिता को प्राणों के समान प्रिय हो। राज्य देने के लिए उन्होंने शुभघड़ी शोधवायी थी फिर किस अपराध से वन जाने का आदेश दिया। राम के संकेत पर सचिव पुत्र ने कारण समझाकर कहा। प्रसंग सुनकर कौशल्या के हृदय में भयंकर दाह व्याप्त हो गया। वे मूक हो गईं। न जाने के लिए कह सकती थीं न रोक सकती थीं। दोनों ही विकल्प अत्यन्त सन्तापकारी थे। धर्म और स्नेह दोनों ने पूरी तरह उनकी मति को घेर लिया। उनकी दशा साँप छछुंदर की सी हो गई :

राखि न सकइ न कहि सक जाहू। दुहूँ भाँति उर दारुण दाहू।
धरम सनेह उभय मति घेरी। भई गति साँप छछुंदर केरी।

यदि पुत्र से रुकने का अनुरोध करती हैं तो धर्म नष्ट हो जाएगा साथ ही बन्धु विरोध भी होगा। वन जाने के लिए कहती हैं तो अत्यधिक हानि होगी। चिन्ता से शरीर एवं मन शिथिल हो गए। फिर बुद्धिमती कौशल्या ने पत्नी धर्म को समझकर तथा भरत और राम दोनों को समान जानकर, बड़ा धैर्य धारण कर कहा–हे पुत्र! तुमने बहुत अच्छा किया। पिता की आज्ञा का पालन ही सर्वोपरि धर्म है। मैं तुम पर बलिहारी जाती हूँ। राज देने के लिए कहकर, वन दे दिया, इसका मुझे लेश मात्र दुख नहीं परन्तु मुझे इस बात का बड़ा दुख है कि तुम्हारे बिना राजा, भरत एवं प्रजा को प्रचण्ड क्लेश होगा। कौशल्या के हृदय की विशालता, उनकी बुद्धिमत्ता तथा उनकी सहनशीलता का सक्षम चित्र इन पंक्तियों ने प्रस्तुत किया है :

राज देन कहि दीन्ह बनु मोहि न सो दुख लेपु।
तुम्ह बिन भरतहिं भूपतहिं प्रजहिं प्रचण्ड कलेसु॥

माता कहती हैं—हे पुत्र! तुम सबके परम प्रिय हो। प्राणों के प्राण एवं हृदय के जीवन हो। तुम्हीं वन जाने के लिए कह रहे हो और मैं सुनकर बैठी पश्चात्ताप कर रही हूँ। तुम सेवकों, परिजनों तथा नगर को अनाथ कर सुखपूर्वक वन को जाओ। ऐसा उपाय करना जिससे सबकी जीते जी तुमसे भेंट हो सके। सबका पुण्य समाप्त हो गया है। काल विपरीत हो गया है। अपने को परम अभागिन समझकर माता राम के चरणों से लिपटकर विलाप करने लगीं। उनके हृदय में असहनीय दारुणदाह व्याप्त हो गया। उनकी व्यथा शब्दातीत है :

सब कर आज सुकृत फल बीता। भयउ कराल काल विपरीता।
बहुविधि विलपि चरण लपटानी। परम अभागिनि आपुहिं जानी।
दारुण दुसह दाह उर व्यापा। बरनि न जाई विलाप कलापा।

राम ने उठाकर माता को हृदय से लगा लिया तथा कोमल वचन कहकर उन्हें समझाया।

कौशल्या रामचरितमानस में कहती हैं कि पिता की आज्ञा का पालन सर्वोच्च धर्म है अतः हे तात! तुमने उचित ही वन जाने का निश्चय किया है। परन्तु धर्म मूर्ति, सत्य संध राम के वनवास का आदेश वह सह नहीं सकीं। माता का हृदय फट पड़ता है तथा गीतावली में वे राम से कहती हैं कि मेरे स्वामी को सम्पूर्ण साधनों का फल अनायास ही उपलब्ध हो गया था परन्तु वे उसे सँभाल नहीं सके तथा स्त्री के वशीभूत होकर अपना सर्वस्व गँवा दिया। उनके लोक परलोक दोनों नष्ट हो गए। इस लोक में पुत्र वियोग की असह्य वेदना सहनी होगी तथा निर्दोष को दण्ड देने के अपराध में उनका परलोक भी नष्ट हो गया। आगे वे कहती हैं कि तुम पिता की आज्ञा पालन के लिए सदैव तत्पर रहते हो किन्तु माता की आज्ञा भी मानने योग्य है। तुम सत्पुरुषों को सर्वदा सुख देते हो अतः वेदविश्रुत अपनी इस मर्यादा का पालन करो और मेरी आज्ञा मानकर वन मत जाओ। यद्यपि पिता ने अपने सुख निधान पुत्र को विस्मृत कर दिया है परन्तु हे मेरे प्रिय पुत्र! हे दीनबन्धु! हे दयालु! तुम माता का परित्याग मत करो। माता के अतिशय प्रेम एवं विनय युक्त वचन सुनकर कोमल हृदय राम के चरण रुक जाते हैं। उनका अन्तःसंघर्ष बढ़ जाता है। वे सोचने लगते हैं कि यदि मैं माता की प्रसन्नता हेतु रुक जाता हूँ तो पृथ्वी को भय मुक्त कौन करेगा? राजा दशरथ से कैकेयी के चरित्र को पहचानने में भूल हुई थी। उनसे तो राम सत्य पालन का विनम्र अनुरोध करते हैं लेकिन निर्दोष, सम भाव में स्थित माता से क्या कहें? जब कौशल्या कहती हैं—तुम्हारे वियोग में एक-एक क्षण एक कल्प के समान प्रतीत होता है। यदि तुम्हारे वियोग में यह शरीर चौदह वर्ष बीतने पर भी यथावत रहता है तो मेरी प्रीति क्या समझी जाएगी? माता को इस प्रकार व्याकुल देखकर राम प्रेम विवश हो जाते हैं;

नेत्रों से अश्रु प्रवाहित होने लगते हैं; कण्ठ गद्‌गद हो जाता है और वे बार-बार यही कहते हैं कि अवधि शीघ्र ही समाप्त हो जाएगी और वे शीघ्र ही लौटेंगे :

तुलसिदास प्रेम बस श्रीहरि देखि विकल महतारी।
गद्‌गद कण्ठ, नयनजल, फिरि फिरि आवन कह्यो मुरारी।

राम महान् माता के महान् पुत्र ही नहीं हैं; उनके जीवन का एक महान् लक्ष्य है। सत् पुरुषों को, मानव मात्र को अथवा प्राणीमात्र को वे भय मुक्त करना चाहते हैं। अत्याचार, अहंकार को समाप्त करना चाहते हैं। व्यक्ति की गरिमा एवं स्वतन्त्रता की रक्षा करना चाहते हैं :

अतिशय प्रीति विनीत वचन सुनि, प्रभु कोमलचित चलत न पारे।
तुलसिदास जो रहौं मातु हित को सुर, विप्र, भूमि भय टारे।

यहाँ राम के आन्तरिक संघर्ष एवं उनकी व्यथा का मार्मिक चित्रण दर्शनीय है। परन्तु यह भी न समझना चाहिए कि कौशल्या राम को धर्म मार्ग पर चलने से रोक देंगी। उनको पता है कि राम सत्य संकल्प हैं। वे किसी तरह नहीं रुकेंगे इसीलिए माता की आज्ञा 'मानिबे लायक' कहकर उसी पद में वे विधाता को कोसते हुए कहती हैं कि राम के वन जाने का समाचार पाकर नगर शोक-कूप में डूब जाएगा। नृप प्राणों का परित्याग कर देंगे और इसका दोष तुम्हारे सिर ही रहेगा। तीव्र अन्तःसंघर्ष, जटिल, सूक्ष्म मनःस्थितियों एवं अतिशय भावावेग का चित्रण करने में तुलसी अप्रतिम हैं। जटिल भावनाओं के चित्रण में शेक्सपियर श्रेष्ठतम माने जाते हैं किन्तु उनकी अभिव्यक्ति सक्षम, प्रभावशाली होते हुए भी तुलसी जैसी सहज नहीं है। सहजता तथा जटिलता का ऐसा मणिकांचन संयोग तुलसी काव्य की अनुपम विशेषता है। सामान्य पाठक उनके काव्य से आन्दोलित होता है तथा मनीषी भी उसकी तह तक नहीं पहुँच पाते। यही कारण है कि शेक्सपियर की भाँति उनके काव्य की नित्य नई व्याख्याएँ होती रहती हैं और भविष्य में भी होती रहेंगी।

कभी कौशल्या वनगमन की बात भूलकर पहले की भाँति राम के प्रकोष्ठ में जाकर कहती हैं कि हे तात! उठो, तुम्हारे भाई तथा मित्र द्वार पर तुम्हारी प्रतीक्षा कर रहे हैं। कभी कहती हैं कि बहुत देर हो गई है। राजा तुम्हारी प्रतीक्षा कर रहे हैं। अपने बन्धुओं के साथ जाओ और अपने प्रिय व्यंजनों का स्वाद लो। एकाएक उन्हें याद आता है कि राम तो वन में हैं। यह बोध होते ही वे फलक पर अंकित चित्र सी प्रतीत होती हैं तथा उनकी तत्कालीन मनोदशा का वर्णन करने पर प्रीति सीखी हुई सी जान पड़ती है। यहाँ 'सी' वर्ण द्वारा संगीत की प्रवाहमयता, तल्लीनता के साथ ही काव्य के शब्दार्थ की भंगिमा भी चित्रित हो जाती है। संगीत पर काव्य एवं नाटक का अनुशासन भी दृष्टिगत होता है। कौशल्या चित्र की तरह स्तब्ध

हैं फिर भी वे चित्र की मूर्ति नहीं हैं। उनके अन्तर में भावनाओं का सागर लहरा रहा है। वे साक्षात् कविता का साकार रूप प्रतीत होती हैं—आन्दोलित लेकिन शान्त। वे क्रोचे की परिभाषा को चरितार्थ कर रही हैं :

'Poetry is quitened passion or passionate calm.'

कवि 'लागति प्रीति सि खिसी' कहकर उनकी व्यथा को रूपाकार प्रदान कर देता है :

The poet gives to ary nothings a local habipation and a name.
कबहुँ समुझि वन गमन राम को रहि चकि चित्र लिखी सी।
तुलसिदास वह समय कहे ते लागति प्रीति सिखी सी।

राम के विरह में पशु-पक्षी भी दुखी हैं। वे मेरी विरह वेदना को बँटा रहे हैं। भरत नगर में ही वनवासी हो गए हैं। राजा ने मछली की तरह तड़प-तड़पकर शरीर त्याग दिया है। नगरवासी अत्यन्त दीन हो रहे हैं। कौशल्या कहती हैं—मुझे तो राम का नाम लेने में भी संकोच होता है क्योंकि इससे संसार में मेरी हँसी होगी कि माता होकर भी यह जीवन धारण कर रही है।

भावावेश में वे कह गई हैं कि 'नृपति नारि बस सरबस हारे' परन्तु वे यहाँ स्वीकार कर रही हैं कि स्वामी को राम मुझसे अधिक प्रिय थे। इसीलिए वे राम वियोग में जीवित नहीं रह सके। मैंने तो मृत्युरूपी मृतक को ही जला दिया है। शायद मेरे कठोर हृदय की रचना के लिए ही विधाता को कहीं से वज्र मिल गया है :

पति सुरपुर, सिय राम लखन वन, मुनिव्रत भरत गह्यो।
हौं घर रहि मसान पावक ज्यों, मरिबोई मृतक दह्यो।
मेरोइ हिय कठोर करिबे को विधि कहुँ कुलिस लह्यो।
तुलसी वन पहुँचाइ फिरी सुत क्यों कछु परत कह्यो।

अब तो केवल हाथ मींजना ही मेरे हाथ में रह गया है। कौशल्या की वेदना किसी से कम नहीं है। फिर क्या कारण है कि वे पति की भाँति प्राणों का त्याग नहीं कर सकीं। कौशल्या उदात्त राम की महीयसी माता हैं। दशरथ और भरत अपनी-अपनी ग्लानि में निमग्न हैं। दशरथ से कैकेयी को समझने में भयंकर भूल हुई है। इसीलिए वे कहते हैं कि मरने के पश्चात् भी मेरा पश्चात्ताप दूर नहीं होगा :

मुएहुँ न मिटैगो मेरो मानसिक पछिताऊ।

भरत निर्दोष हैं फिर भी संसार में उनकी निन्दा हो रही है अथवा हो सकता है। इसी ग्लानि में उनका साधु हृदय निमग्न है। कौशल्या निर्दोष होने के साथ-साथ अपवाद मुक्त भी हैं। फिर भी वे राजा, भरत, पुरवासी यहाँ तक कि घोड़ों की व्यथा से अत्यन्त बेचैन हैं। यही कारण है कि वे गहन व्यथा से आक्रान्त होकर भी शान्त हैं। विषाद में साधारणतः लोग दूसरों के कष्ट का अनुभव और भी नहीं कर पाते। परन्तु कौशल्या और भी संवेदनशील हो उठी हैं। यही उनकी महानता है। गीता कहती है कि 'सम भाव में स्थित होना ही' परम पुरुषार्थ है। समदृष्टि ही मनुष्य को दुख मुक्त कर सकती है। अन्य किसी भी उपाय से यह सम्भव नहीं है। तुलसी की कौशल्या भारतीय साहित्य की महान् उपलब्धि है। इस दृष्टि से उनकी तुलना केवल राम, सीता और हनुमान से ही हो सकती है।

वन जाने से पूर्व राम दोनों हाथ जोड़कर बार-बार नगरवासियों से कोमल शब्दों में कहते हैं कि वही सब प्रकार से मेरा हितैषी है जिसके प्रयत्नों से राजा सुखी रहेंगे। हे चतुर नागरिकगण! आप सभी ऐसे उपाय करिएगा जिससे मेरी सब माताएँ मेरे विरह में दुःखी एवं दीन न हों।

चित्रकूट में भरत राम से आदरपूर्वक विनय करते हैं कि आप पवित्र अयोध्या नगर में वापस चलें। सभी पुरवासी आपके अनन्य सेवक हैं। वे चातक की भाँति आपसे एकनिष्ठ प्रेम करते हैं। उनके असह्य दुःख को दूर कीजिए। राम का उत्तर पितृ-भक्ति का परम प्रतीक है। वे कहते हैं कि हे बन्धु! तुम सब प्रकार से पवित्र, सुहृद एवं समझदार हो। तुम्हीं विचारकर बताओ कि मैं किस प्रकार लौट सकता हूँ? यदि मैं अपने हाथ से अपने शरीर की खाल खींचकर, पिताजी के चरणों की जूतियाँ बनवाऊँ तो भी पिता दशरथ से उऋण नहीं हो सकता फिर उनके वचनों को मिटाकर मैं कैसे उनका विश्वास पा सकता हूँ? जिसका सुयश तीनों लोकों में व्याप्त है उस कुल को मैं कैसे कलंकित कर सकता हूँ :

> तात! विचारो धौं, हौं क्यों आवौं।
> तुम्ह सुचि, सुहृद, सुजान सकल विधि, बहुत कहा कहि कहि समुझावौं।
> निज कर खाल खैंचि या तनु तें जौ पितु पग पानही बनावौं।
> होंउ न उरिन पिता दशरथ तें, कैसे ताके वचन मेटि पति पावौं।
> तुलसिदास ज़ाको सुजस तिहुँ पुर, क्यों तेहि कुलहिं कालिमा लावौं।।

लक्ष्मण भ्रातृ प्रेम के चरम आदर्श हैं। प्रत्येक संवेदनशील व्यक्ति जीवन में किसी न किसी से सर्वाधिक प्रेम करता है। लक्ष्मण के सर्वाधिक प्रिय पात्र राम थे। प्राणि मात्र के दुःख से द्रवीभूत महात्मा बुद्ध सभी के आँसू पोंछने निकले थे। उन पर यशोधरा की उपेक्षा का आरोप मैथिलीशरण गुप्त ने उचित ही लगाया है। उनकी यशोधरा को यही खेद है कि प्रिय उससे कहकर नहीं गए तथा उसे अपमानित

किया—'सखि वे मुझसे कहकर जाते।' परन्तु यह भी तो हो सकता है कि करुणा एवं प्रेम के सागर भगवान बुद्ध को स्वयं उससे विदा लेने का साहस न हुआ हो। जो व्यक्ति एक बकरे के लिए अपना प्राण देने के लिए प्रस्तुत था वह किसी का अपमान करने की सोच भी नहीं सकता था। लक्ष्मण पर भी उर्मिला की उपेक्षा का आरोप उचित है। परन्तु इसका तात्पर्य यह नहीं है कि वे उर्मिला से अनुराग नहीं रखते थे। गाँधी जी पर भी परिवार की उपेक्षा का आरोप लगाया गया है। लुई फिशर ने अपनी जीवनी में 'गाँधी और उनका परिवार' नामक एक अध्याय ही लिखा है और उन पर परिवार की उपेक्षा करने का आरोप लगाया है। रवीन्द्रनाथ ने अपनी 'गाँधी महराज' शीर्षक कविता में ठीक ही लिखा है कि बुद्ध के पश्चात् वे पहली बार सबके आँसू पोंछने निकले हैं। फिर भी गाँधी जी कस्तूरबा से अपरिमित प्रेम करते थे। शेक्सपियर ने नर-नारी के प्रेम का अत्यन्त मनोरम एवं प्रभावी चित्रण किया है फिर भी निजी जीवन में उसका सर्वाधिक प्रिय पात्र एक युवा मित्र था। प्रेम की मूल भावना एक ही है परन्तु उसकी अभिव्यक्ति विभिन्न सम्बन्धों में विभिन्न प्रकार से होती है। शेक्सपियर समस्त मानवीय संवेदनाओं का महानतम कवि है परन्तु तुलसी की विशिष्टता यह है कि उन्होंने सभी मानव सम्बन्धों को पराकाष्ठा पर पहुँचाया है। मानव जीवन में भी इस सत्य का साक्षात्कार होता है। कहा जा सकता है कि ऐसे उदाहरण दुर्लभ हैं। तो क्या सूर और प्रसाद के काव्य में चित्रित प्रेम भी दुर्लभ कोटि में नहीं आता? हर सम्बन्ध में अनन्य प्रेम करने वाले विरले ही होते हैं। उनसे समस्त मानव जाति प्रेम करती है तथा अपनी सीमा में ग्रहण भी करती है।

राम के वनवास का समाचार सुनते ही लक्ष्मण व्याकुल होकर दौड़ते हुए राम के पास आते हैं और प्रेम से अत्यन्त अधीर होकर उनके चरण पकड़ लेते हैं। उनका शरीर रोमांचित है; नेत्र अश्रुओं से भरे हुए हैं। वे चुपचाप खड़े रहते हैं। कुछ कहने का साहस नहीं होता। उनकी अवस्था जल से निकाली हुई मछली के समान थी। उन्हें लग रहा है कि उनका सब सुख और पुण्य समाप्त हो गया :

समाचार जब लक्षिमन पाए। व्याकुल बिलखि बदन उठि धाए।
कम्प पुलक तन नयन समीरा। गहे चरन अति प्रेम अधीरा।
कहि न सकत कछु चितवत ठाढ़े। मीन दीन जनु जल ते काढ़े।
सोच हृदय विधि का होनिहारा। सबु सुख, सुकृतु सिरान हमारा।

राम ने लक्ष्मण को शरीर तथा घर से तृण की तरह समस्त सम्बन्ध तोड़कर करबद्ध खड़े देखा। राम उनके हृदयस्थ भाव को समझकर घर ही रहने का प्रबल आग्रह करते हैं तथा अपने मत के समर्थन में सशक्त तर्क प्रस्तुत करते हैं। उन्हें लक्ष्मण को साथ ले जाना किसी दृष्टि से उचित नहीं प्रतीत होता। शील, सनेह,

सुख और सरलता के सागर, नीति निपुण राम उन्हें प्रेमपूर्वक समझाते हैं कि इस संसार में उसी का जीवन सार्थक है जो माता, पिता, गुरु और स्वामी के उपदेशों का स्वभावतः पालन करते हैं अन्यथा जीवन व्यर्थ हो जाता है। घर में भरत, शत्रुघ्न नहीं हैं। वृद्ध पिता मेरे दुख से व्यथित हैं अगर मैं तुम्हें साथ वन ले जाता हूँ तो अवध सब प्रकार से अनाथ हो जाएगा। जिसके राज्य में प्रजा दुखी रहती है वह राजा अवश्य ही नरक का अधिकारी होता है :

जासु राज प्रिय प्रजा दुखारी। सो नृपु अवसि नरक अधिकारी।

ऐसा विचार कर तुम्हें घर पर रहकर ही माता, पिता और प्रजा की सेवा करनी चाहिए। प्रेम के वशीभूत लक्ष्मण कुछ उत्तर नहीं दे पाते। वे विकल होकर राम के चरण पकड़ लेते हैं तथा निवेदन करते हैं कि आप मेरे स्वामी हैं और मैं आपका सेवक हूँ। आप मुझे छोड़ भी दें तो मैं क्या कर सकता हूँ? हे स्वामी! आपने मुझे अच्छी शिक्षा दी है परन्तु अपनी कायरता के कारण वह मुझे दुर्गम प्रतीत होती है। हे स्वामी! हे दीनबन्धु! हे अन्तर्यामी! मेरे तो सब कुछ आप ही हैं। मैं आपको छोड़कर गुरु, माता, पिता किसी को नहीं जानता। आप विश्वास करें मैं अपने स्वभाव का ही वर्णन कर रहा हूँ। आप धर्म और नीति का उपदेश उसे दें जिसे कीर्ति, विभूति या सद्‌गति प्यारी हो। जो मन, वचन और कर्म से आपके चरणों को समर्पित है वह भी क्या त्यागने योग्य है? उन्हें प्रेम के कारण भयभीत देखकर राम गले से लगाकर समझाते हैं और माता से शीघ्र आज्ञा लेकर वन चलने की अनुमति लेते हैं। माता की स्नेहपूर्ण अनुमति एवं शुभाशीष प्राप्त कर लक्ष्मण शंकित हृदय से तुरन्त ही इस प्रकार चल पड़े जैसे भाग्यवश कोई हिरण कठिन पाश को तुड़ाकर भागने में सफल हो गया हो :

मातु चरन सिर नाइ चले तुरत संकित हृदयँ।
बागुर विषम तोराइ मनहुँ भाग मृगु भाग बस।।

माता ने तो प्रमुदित हृदय से सीता राम की सेवा का उपदेश दिया था फिर भी लक्ष्मण शंकित हृदय से भागे क्योंकि माता का कोमल हृदय किस क्षण परिवर्तित हो जाए, कहा नहीं जा सकता। माता की सहज स्वीकृति को उन्होंने अपना सौभाग्य समझा। यह लक्ष्मण के भ्रातृ प्रेम का अत्यन्त सशक्त चित्र है। तुलसी के श्रेष्ठ बिम्ब चरित्र को उद्‌घाटित करने के साथ-साथ जीवन के एक नाटकीय मोड़ पर खड़े पात्र की जटिल मनोदशा का बोध भी कराते हैं। जटिलता, सूक्ष्मता, संघर्ष, उलझन से युक्त बिम्ब पात्र के चरित्र की स्पष्ट एवं निश्चित रूपरेखा प्रस्तुत करते हैं। एक ही बिम्ब में ये परस्पर विरोधी तत्त्व श्रेष्ठतम कवियों में ही उपलब्ध होते हैं।

मूर्छित लक्ष्मण धरती पर पड़े हैं। आधी रात बीत गई है तथा हनुमान संजीवनी लेकर अभी तक नहीं लौटे हैं। उस समय राम की व्यथा एवं अन्तःसंघर्ष का नाटकीय चित्रण देखिए। राम अनुज को उठाकर हृदय से लगा लेते हैं तथा विलाप करने लगते हैं। हे भाई! तुम मुझे कभी दुःखी नहीं देख सकते थे। मेरे लिए तुमने माता-पिता को छोड़ दिया तथा वन में भीषण गर्मी, ठण्ड तथा तूफान सहते रहे। यदि मुझे पता होता कि वन में तुम्हारा वियोग होगा तो मैं पिता की आज्ञा भी नहीं मानता। जगत् में पुत्र, धन, स्त्री, घर और परिवार बार-बार मिलते हैं और बिछुड़ते हैं परन्तु सहोदर भाई बार-बार नहीं मिलता; ऐसा सोचकर हे तात! जागो। पंख बिना पक्षी, मणि बिना सर्प और सूँड बिना श्रेष्ठ हाथी की जो दशा होती है वही दशा मेरी होगी यदि जड़ दैव तुम्हारे वियोग में भी मुझे जीवित रखता है। स्त्री के लिए प्रिय भाई को खोकर मैं कौन सा मुँह लेकर अयोध्या जाऊँगा। पत्नी को मुक्त न करा पाने से मेरा अपयश सारे संसार में फैल जाता; यदि मुझे ज्ञात होता कि वन में तुम्हें खोना पड़ेगा तो मैं इस अपयश को भी सह लेता। अब तो हे पुत्र! अपयश एवं तुम्हारा शोक दोनों ही मुझे सहने होंगे। इसकी तुलना में स्त्री की हानि कोई विशेष क्षति नहीं थी। तुम अपनी माता के अद्वितीय पुत्र एवं उसके प्राणों का आधार थे। मुझे सब प्रकार से सुख देने वाला, तुम्हारा परम शुभचिन्तक जानकर उसने हाथ पकड़कर सौंपा था। अब मैं उसे क्या उत्तर दूँगा? असंख्य लोगों को चिन्ता मुक्त करने की क्षमता रखने वाले राम अनेक प्रकार की चिन्ताओं में डूबे हुए हैं। उनके नयन कमलों से विषाद के आँसू प्रवाहित हो रहे हैं :

जौं जनतेउँ बन बन्धु बिछोहू। पिता बचन मनतेउँ नहिं ओहू।
सुत बिन नारि भवन परिवारा। होहिं जाँहि जग बारहिं बारा।
अस बिचारि जियँ जागहुँ ताता। मिलइ न जगत सहोदर भ्राता।
जथा पंख बिनु खग अति दीना । मनि बिनु फनि करिबर कर हीना।
अस मम जिवन बन्धु बिन तोही। जौं जड़ दैव जियावै मोही।
जैहउँ अवध कवन मुहु लाई। नारि हेतु प्रिय भाइ गँवाई।
बरु अपजस सहतेउँ जग माहीं। नारि हानि विशेष छति नाहीं।
अब अपलोकु सोकु सुत तोरा। सहिहि निठुर कठोर उर मोरा।
निज जननी के एक कुमारा। तात तासु तुम्ह प्राण अधारा।
सौंपेसि मोंहि तुम्हहिं गहि पानी। सब विधि सुखद परम हित जानी।
उतरु काह दैहहुँ तेहि जाई। उठि किन मोहिं सिखावहु भाई।
बहु बिध सोचत सोच विमोचन। स्रवत सलिल राजिव दल लोचन।

गंगा तट पर सुमन्त राम से कहते हैं कि नरेश ने मुझे आप लोगों को गंगा

स्नान कराकर, वन दिखाकर तथा सारे संशय एवं संकोच का निवारण कर शीघ्र ही अयोध्या वापस ले आने का आदेश दिया था। ऐसा कहकर सचिव राम के चरणों पर गिर पड़ते हैं तथा बिलख कर कहते हैं कि हे प्रभु! आप कृपाकर वही करें जिससे अयोध्या अनाथ न हो। राम ने सचिव को उठाकर ढाढस बँधाया तथा कहा कि हे तात! आपने तो धर्म के सभी सिद्धान्तों को छान डाला है। शिव, दधीचि एवं राजा हरिश्चन्द्र ने धर्म के लिए करोड़ों कष्ट सहे थे। बुद्धिमान राजा रंतिदेव और बलि ने नाना संकट सहकर भी धर्म को नहीं छोड़ा था। वेद, आगम और पुराण कहते हैं कि सत्य के समान दूसरा धर्म नहीं है। वह धर्म मुझे सहज ही प्राप्त हो गया है। इस सत्य रूपी धर्म का त्याग करने से तीनों लोकों में अपयश छा जाएगा। इस धर्म-पथ के पथिक के लिए अपयश की प्राप्ति करोड़ों मृत्यु के समान सन्ताप देती है। मैं आपसे अधिक क्या कहूँ। प्रत्युत्तर देने में भी पाप का भागी होता हूँ। आप अयोध्या जाकर, करोड़ों बार नमन करने के पश्चात्, चरण पकड़कर विनती करियेगा कि पिताश्री मेरी किसी बात की चिन्ता न करें। आप भी पिता की भाँति मेरे शुभचिन्तक हैं। मैं हाथ जोड़कर आपसे विनती करता हूँ कि आप सब प्रकार से यही प्रयत्न करें जिससे पिताजी हम लोगों की चिन्ता से दुखी न हों :

सिवि दधीचि हरिचन्द नरेसा। सहे धरम हित कोटि कलेसा।
रंतिदेव, बलि भूप सुजाना। धरम धरेउ सहि संकट नाना।
धरमु न दूसर सत्य समाना। आगम निगम पुरान बखाना।
मैं सोइ धरम सुलभ करि पावा। तजे तिहुँ पुर अपजस छावा।
सम्भावित कहुँ अपजस लाहू। मरन कोटि सम दारुन दाहू।
तुम्ह सन तात बहुत का कहऊँ। दिए उतरु फिरि पातक लहऊँ।
पितु पद गहि करि कोटि नति विनय करब कर जोरि।
चिन्ता कबनिउँ बात कै तात करिय जनि मोरि॥

जिन राम को सत्य पथ का त्याग करोड़ों मृत्यु से अधिक दग्ध करनेवाला प्रतीत होता है वही राम कहते हैं कि यदि पहले से पता होता कि वन में बन्धु का वियोग होगा तो वे पिता की आज्ञा का उल्लंघन कर देते। वे लक्ष्मण को पुत्र कहकर सम्बोधित करते हैं। यह सभी जानते हैं कि पुत्र शोक से बढ़कर कोई शोक नहीं है। यह महत्त्वपूर्ण नहीं है कि सहोदर भ्राता बार-बार नहीं मिलता। अगर यह वैज्ञानिक सत्य नहीं है तो भी इससे कविता के प्रभाव में कोई कमी नहीं आएगी। 'नारि हानि विशेष छति नाहि' को पुत्र शोक के परिप्रेक्ष्य में देखें। विश्वविजय के पश्चात् सीता को प्राप्त करने वाले राम उनको मुक्त नहीं करा सके; यह अपयश भी सहन करने के लिए वे तैयार हैं। यह आत्मग्लानि भी उन्हें सन्तप्त कर रही

है कि वे माता सुमित्रा को क्या उत्तर देंगे? अनुज के वियोग में वे जीवित भी नहीं रहना चाहते–'जौं जड़ दैव जियावै मोहीं।' सबके आँसू पोंछने की शक्ति और भावना रखने वाले राम के नेत्रों से अश्रुपात हो रहा है और वे चिन्ता में डूबे हुए हैं। यहाँ भ्रातृ प्रेम की पराकाष्ठा का चित्रण है तथा उसे दाम्पत्य प्रेम के समकक्ष ही रखा गया है।

प्रश्न उठता है कि क्या राम सत्य पथ का परित्याग कर देते? जीवन के एक नाटकीय मोड़ पर यह राम के अन्तःसंघर्ष का चित्रण है। इससे लक्ष्मण के प्रति उनका प्रेम व्यंजित हुआ है। महाकाव्य अथवा नाटक के एक अंश से उसके सम्पूर्ण सत्य की बात करना पूर्णतः भ्रामक होता है। इस सम्बन्ध में अरस्तू तथा कॉलरिज के मतों का उल्लेख कर चुका हूँ तथा समीक्षा जगत् उन्हें निर्विरोध स्वीकार कर चुका है। राम किसी भी दशा में सत्य पथ का त्याग नहीं कर सकते थे। इसमें कोई भी शोक या अपयश उनके आड़े नहीं आ सकता था। वे अपना बलिदान कर सकते थे परन्तु सत्य पथ का त्याग नहीं। उन्हें पता था कि उनके पिता उनके वियोग में जीवित नहीं रह सकेंगे फिर भी उन्होंने उनके सत्य की रक्षा की। वे वन पिता के सत्य की रक्षा के लिए ही गए थे।

राम के इस अन्तर्द्वन्द्व का गीतावली के दो पदों में बड़ा मार्मिक चित्रण मिलता है। वे कहते हैं–हाय मुझसे तो कुछ नहीं हो सका। नगर, पिता, माता तथा सम्पूर्ण सुखों का परित्याग कर वह वन में मेरी विपत्ति में सहभागी हुआ था। ऐसा भाई भी भ्रातृत्व का अन्त तक अच्छी तरह निर्वाह कर चला गया। उसके शोक में भी मैं अपने प्राणों का त्याग नहीं कर सका। मैं समझता हूँ कि मेरे हृदय की कठिनता से ही वज्र का निर्माण हुआ है। सुमित्रा सुत के प्रेम का स्मरण कर भी वह फट नहीं सका। पिता की मृत्यु, पत्नी का अपहरण, जटायु का वध, लक्ष्मण का अवसान मेरे कारण ही हुआ। सब प्रकार से मैंने अपने कुल को कलंकित किया है :

मो पै तो न कछु ह्वै आई।
ओर निवाहि भली विधि भायप, चल्यो लखन सो भाई।
पुर, पितु, मातु, सकल सुख परिहरि जेहि वन विपति बँटाई।
ता संग हौं सुरलोक सोक तजि सकयो न प्राण पठाई।
जानत हौं या उर कठोर ते कुलिस कठिनता पाई।
सुमिरि सनेह सुमित्रा सुत को दरकि दरार न जाई।
तात मरन, तिय हरन, गीध वध, भुज दाहिनी गँवाई।
तुलसी मैं सब भाँति आपने कुलहिं कालिमा लाई।

अगले पद में राम की निराशा तथा असमर्थता का और भी शक्तिशाली चित्रण है। वे कहते हैं–अब मेरा सारा पुरुषार्थ समाप्त हो गया है। अपनी विपत्ति के

सहभागी भाई की शक्ति के अभाव में मैं किसका विश्वास करूँ? हे सुग्रीव! विधाता सचमुच ही मुझसे रुष्ट हो गया है। इसीलिए संकट की इस घड़ी में लक्ष्मण जैसे भाई का साथ छूट गया। मुझे पूरी तरह समर्पित, असीम शक्तिशाली बन्धु ने ही मुझे छोड़ दिया; अब मैं कैसे विजय की आशा कर सकता हूँ? वानर तो भागकर पहाड़ों एवं जंगलों में छिप जाएँगे तथा मैं छोटे भाई का अनुगमन करूँगा। मुझे यही सोच व्याकुल कर रहा है कि विभीषण की क्या गति होगी? राम का विलाप सुनकर सारी सेना विकल हो गई तथा उनके हृदय ने हार स्वीकार कर ली :

मेरो सब पुरुषारथ थाको।
विपति बँटावन बन्धु बाहु बिनु करौं भरोसो काको।
सुनु सुग्रीव! साँचेहुँ मोपर फेर्‌यो बदन विधाता।
ऐसे समय समर· संकट हौं तज्यो लखन सों भ्राता।
गिरि कानन जैहैं साखामृग, हौं पुनि अनुज संघाती।
व्हैहै कहा विभीषन की गति रही सोच भरि छाती।
तुलसी सुनि प्रभु बचन भालु कपि सकल विकल हियँ हारे।।

इस प्रसंग को पूरी तरह हृदयंगम करने हेतु हनुमान की प्रतिक्रिया जानना आवश्यक है। अगले पद में वे कहते हैं यदि आप मुझे आज्ञा दें तो मैं वस्त्र की तरह चन्द्रमा को निचोड़कर उसका अमृत प्रस्तुत कर ही आपको मस्तक नवाऊँ। अथवा पाताल में रक्षा करने वाले सर्पों को कुचलकर अमृतकुण्ड पृथ्वी पर उठा लाऊँ फिर भी लक्ष्मण के प्राणों की रक्षा न हो सके तो ब्रह्माण्ड को भेदकर सूर्य को बाहर निकाल दूँ तथा सूराख की जगह राहु को रखकर उसे बन्द कर दूँ ताकि सूर्य पुनः न आ सके और प्रातःकाल ही न हो एवं समय पर अश्विनीकुमारों को बलपूर्वक उपस्थित कर आपका सेवक कहलाने योग्य बन सकूँ। यदि अश्विनीकुमार भी प्राण रक्षा में अक्षम प्रमाणित हों तो मैं मूषक के समान पटककर मृत्यु को ही समाप्त कर दूँ और सभी प्राणियों को मुक्त कर अखण्ड आनन्द प्रदान करूँ। आपके प्रताप के बल पर और आपकी कृपा से मैं इन कार्यों को तुरन्त सम्पादित कर सकूँगा।

जौ हौं अब अनुशासन पावौं।
तौ चन्दमहिं निचोरि चैल ज्यौं, आनि सुधा सिर नावौं।
कै पाताल दलौं ब्यालावलि अमृतकुण्ड महि लावौं।
भेदि भुवन करि भानु बाहिरो तुरत राहु दै आवौं।
बिबुध बैद बरबस आनौं धरि, तौ प्रभु अनुग कहावौं।
पटकौं मीच नीच मूषक ज्यौं सबहि को पाप बहावौं।
तुम्हरिहि कृपा, प्रताप तिहारेहि नेकु विलम्ब न लावौं।
दीजै सोइ आयसु तुलसी प्रभु जेहि तुम्हरे मन भावौं।

इस पद में राम के प्रति हनुमान की असीम भक्ति एवं अनुराग तथा विश्वकल्याण की तीव्र भावना व्यक्त हुई है। यह भी एक नाटकीय अभिव्यक्ति है। ऐसा नहीं है कि हनुमान यह कार्य करने जा रहे हैं अथवा यह उनके लिए सम्भव है। काव्यगत संवेदना के लिए महत्त्वपूर्ण यह है कि असाधारण शौर्य, पौरुष एवं उत्साह से परिपूर्ण हनुमान जैसे राम के अनुचर हैं तथा वे पूरी तरह उनके अनुशासन में हैं। इससे यह भी अभिव्यंजित है कि यह निराशा परम शक्तिशाली व्यक्ति की है जो ऐसे प्रसंगों में पूर्णतः स्वाभाविक है।

निराला की 'राम की शक्तिपूजा' में राम की निराशा एवं संशय की उचित ही बहुत प्रशंसा की गई है। परन्तु तुलसी साहित्य में यह अभिव्यक्ति अधिक काव्यात्मक, नाटकीय, सूक्ष्म एवं प्रभावी है। द्रष्टव्य है कि यहाँ दार्शनिक तुलसी ने विश्लेषण का सहारा नहीं लिया है। विश्लेषण तथा मनोविश्लेषण दर्शन एवं समाजविज्ञान का विषय है। तुलसी महान् दार्शनिक तथा समाज वैज्ञानिक हैं परन्तु काव्याभिव्यक्ति में वे इस क्षमता का उपयोग नहीं करते क्योंकि यह प्रकृत काव्य का क्षेत्र नहीं है। वे पूरी तरह नाटकीय अभिव्यक्ति का सहारा लेते हैं। राम और हनुमान के संवादों द्वारा ही संवेदना का अंकन किया गया है। बड़े से बड़े मनोवैज्ञानिक की अपेक्षा शेक्सपियर को गहन मानव मनोविकारों का कहीं अधिक ज्ञान है फिर भी वह दार्शनिक अथवा मनोविश्लेषणात्मक पद्धति का सहारा नहीं लेता। जटिल बिम्बों के द्वारा ही उनकी अभिव्यक्ति करता है।

राम की शक्ति पूजा में शक्ति की जो मौलिक कल्पना की गई है वह भी तुलसी के धर्मरथ वाले बिम्ब के समक्ष धूमिल एवं अविधात्मक प्रतीत होती है। इसका विस्तृत विवेचन 'युद्ध और शान्ति' नामक अध्याय में किया जाएगा। निराला का महत्त्व 'राम की शक्ति पूजा' के कारण उतना नहीं जितना जूही की कली, जागो फिर एक बार (2), बादल राग, सरोज स्मृति, तुलसीदास एवं कुकुरमुत्ता के कारण है।

राम अनन्य सेवक हनुमान के हृदय में सीता राम के प्रति सीमाहीन अनुराग है तथा राम और सीता उन्हें अपना सेवक नहीं पुत्र ही समझते हैं। अशोक वाटिका में सीता से राम की व्यथा का वर्णन करते हुए वे कहते हैं कि करुणा के सागर राम की यह स्वाभाविक प्रकृति है कि वे भक्तों के दुख से अत्यन्त दुखी रहते हैं। आपके वियोगजन्य दारुण दुख से वे अपने श्रेष्ठ बाणों की महिमा भूल गए हैं नहीं तो तुम्हीं बताओ कि कहाँ राम के बाणरूपी सूर्य और कहाँ राक्षसों की सेना रूपी अन्धकार। राक्षस सेना उनके बाणों के सामने कैसे टिक सकती है? वर्तमान समय में मेरा उदाहरण लीजिए। कहाँ ब्रह्मा, विष्णु और महेश द्वारा पूज्य ज्ञान-धाम भगवान राम और कहाँ हमारे समान चंचल पशु वानर। आज भी मुझे वह दृश्य नहीं भूलता जब मेरे कानों से लगकर उन्होंने अपनी वेदना व्यक्त की थी। सुग्रीव

से तुम्हारा समाचार पाकर उन्हें बड़ा सहारा मिला था। अपने आराध्य के गुणों का स्मरण कर हनुमान प्रेम विभोर हो उठे तथा उन्हें अपनी सुधि भी न रही।

सत्य वचन सुनु मातु जानकी।
जन के दुख रघुनाथ दुखित अति, सहज प्रकृति करुणानिधान की।
तुव वियोग सम्भव दारुन दुख विसरि गई महिमा सुबान की।
न तु कहु कहँ रघुपति-सायक रवि, तम-अनीक कहँ जातु धान की।
कहँ हम पशु शाखामृग चंचल, बात कहौं मैं विद्यमान की।
कहँ हरि-सिव-अज-पूज्य-ज्ञान-घन, नहिं विसरति वह लगनि कान की।
तुव दरसन सन्देश सुनि हरि को बहुत भई अवलम्ब प्रान की।
तुलसिदास गुन सुमिरि राम के प्रेम मगन नहिं सुधि अपान की।।

हनुमान के चलते समय सीता का मन भारी हो गया, नेत्र अश्रु प्लावित हो उठे, शरीर रोमांचित एवं शिथिल हो गया। प्रिय के हृदय की व्यथा जानकर अपने असह्य दुख को छिपा लिया, कहना चाहते हुए भी कोई सन्देश नहीं दे सकीं। सीता की दशा देखकर हनुमान व्याकुल हो गए। ग्रीष्म ऋतु में जलती हुई धरती पर चलने वाले पथिक की तरह बेचैन हो गए। छल या बल से किसी भी प्रकार सीता को धीरज बँधाना सम्भव न देखकर उन्हें अपना मन अत्यन्त निष्ठुर प्रतीत हुआ। अपनी अमरता मृत्यु से भी अधिक कष्टकर प्रतीत हुई। हनुमान की वेदना से सीता का मातृ हृदय पिघल गया। उन्हें प्रेमपूर्वक समझाकर आशीर्वाद दिया कि तुम्हारी मनोकामना पूर्ण होगी। जो तुम्हें अच्छा लगता है वही होगा। मन ही मन सीता को प्रणाम कर हनुमान चुपचाप चल दिए। उस समय उनका हृदय सीता के प्रति करुणा से परिपूर्ण था। अपनी असमर्थता पर वे लज्जित थे। रावण पर उन्हें अत्यधिक क्रोध था अतः सीता के दुख से वे भयभीत भी थे कि कहीं अधिक प्रतीक्षा न कर सकने से उनके प्राण पखेरू उड़ न जाएँ। अपने चरम दुख में भी सीता पुत्र हनुमान की वेदना से व्यथित हो उठीं। उल्टे उन्हें ही समझाने लगीं। माता और पुत्र का यह चित्र स्वामी और सेवक के सम्बन्ध का चर्मोत्कर्ष है :

कपि के चलत सिय को मनु गहबरि आयो।
पुलक शिथिल भयो शरीर, नीर नयनन्हि छायो।
कहन चह्यो सन्देश, नहिं कह्यो, पिय के जिय की जानि हृदय दुसह दुख दुरायो।
देखि दसा व्याकुल हरीस, ग्रीष्म के पथिक ज्यों धरनि तरनि तायो।
मींच ते नीच लगी अमरता, छल को न बल को निरखि थल परुष प्रेम पायो।
कै प्रबोध मातु-प्रीति सों असीस दीन्हीं व्हैहौ तिहारोई मन भायो।
करुना-क्रोध-लाज-भय भरो कियो गौन, मौन ही चरन कमल सीष नायो।
यह सनेह-सरबस समौ, तुलसी रसना रूखी ताही तें परत गायो।

तुलसी कहते हैं कि सीता और हनुमान के इस परम स्नेह का वर्णन मैं इसीलिए कर सका हूँ कि मेरी रसना रूखी है। यदि कवि स्नेह में उतना ही डूब गया होता तो चित्रण सम्भव ही नहीं था। ऐसा कहकर तुलसी स्नेह की गहनता का तो बोध कराते ही हैं; यह भी संकेत देते हैं कि कवि भोक्ता और द्रष्टा एक साथ है, कविता उद्दाम भावावेग एवं श्रेष्ठ विचार रश्मियों का संगम है।

हनुमान द्वारा अंकित सीता की वियोग व्यथा से राम विह्वल हो जाते हैं। गीतावली में उनकी इस मनोदशा का हृदयस्पर्शी चित्रण किया गया है। हनुमान के मधुर, कोमल वचन सुनकर राम के कमल नेत्रों में अश्रु छलक उठते हैं, शरीर शिथिल पड़ जाता है, हृदय पुलकित हो जाता है, उनके मन का चैन समाप्त हो जाता है तथा सीता के वियोग सागर में उनका ज्ञानी मन डूबने लगता है। हनुमान से सीता की कुशलता का समाचार पाकर उन्हें प्रसन्नता रूपी नौका तो मिल गई। परन्तु कामदेव ने बलपूर्वक उस नाव की रस्सी को पकड़ लिया जिससे वे पार न पा सके। अर्थात् कुशल समाचार से उन्हें क्षणिक आनन्द ही मिला और वे वियोग सागर में डूबने उतराने लगे। भावावेश में वे सीता की कुशल भी नहीं पूछ सकते थे और बिना पूछे उनकी वाणी हृदय रूपी घर में अत्यन्त विकल हो रही थी। वे चाहते हुए भी कुछ पूछ नहीं पा रहे थे; इससे उनकी बेचैनी और बढ़ गई थी। वे अपनी विकलता एवं पीड़ा को उसी प्रकार दृढ़तापूर्वक सहन कर रहे थे जिस प्रकार कोई कुलीन, पवित्र, विचारवान, वियोगिनी कामदेव के तीखे बाणों को अत्यन्त धैर्य एवं संयम के साथ सहन कर लेती है। वीर राजा ने बार-बार धैर्य धारण कर बोलने का प्रयास किया फिर भी हनुमान को वे कोई उत्तर न दे सके। जब वे किसी प्रकार बोलने में समर्थ नहीं हो सके तो उन्होंने सखा सुग्रीव तथा अनुज लक्ष्मण से सेना सजाकर युद्ध के लिए प्रस्थान करने का संकेत दिया :

कपि के सुनि कल कोमल बैन।
प्रेम पुलकि सब गात शिथिल भए, भरे सलिल सर सीरुह नैन।
सिय वियोग सागर नागर मनु बूड़न लगो सहित चित चैन।
लही नाव पवनउँ प्रसन्नता, बरबस तहाँ गह्यो गुन मैन।
सकत न बूझ कुशल, बूझे बिन गिरा विपुल व्याकुल उर ऐन।
ज्यों कुलीन सुचि सुमति वियोगिनि सन्मुख सहै विरह सर मैन।
धरि धरि धीर वीर कोशलपति किये जतन सके उत्तर दैन।
तुलसिदास प्रभु सखा अनुज सों कह्यो चलहु सजि सैन।

रामचरितमानस में हनुमान राम से कहते हैं कि हे दीनदयालु! सीता की विपत्ति अतिशय विशाल है। उसे न कहूँ तो ही अच्छा है। न मैं कह सकूँगा। और न आप सुन सकेंगे। तात्पर्य यह है कि हनुमान सीता की विपत्ति से उतने

ही दुखी हैं जितने श्रीराम। वे कहते हैं—हे करुणासागर! उनका एक-एक पल, एक-एक कल्प के समान व्यतीत होता है। अतः हे प्रभु! आप शीघ्र चलिए तथा दुष्ट रावण की सेना को पराजित कर सीता को तुरन्त ले आइए। सीता का दुख सुनकर सुखनिधान प्रभु राम के कमल नेत्रों में जल भर आया परन्तु वे कहते हैं कि जो मन, बचन और कर्म से मेरे आश्रय में है उसे क्या स्वप्न में भी विपत्ति घेर सकती है? राम सत्यसंध एवं विश्वरूप हैं। सत्य का आचरण करने तथा समस्त विश्व से प्रेम करने पर ही दुख से मुक्ति एवं परम आनन्द की प्राप्ति होती है। महादेवी के शब्दों में 'विरह मिलने की प्रथा है'। मीरा कहती हैं 'आधी रात प्रभु दर्शन दीजै विरह-नदी के तीरा'। सूर की गोपियाँ उद्धव से कहती हैं कि हम कृष्ण के विरह में पागल रहेंगी परन्तु तुम्हारा योग नहीं लेंगी। वे 'विरह वाय बौराने' रहने के लिए प्रस्तुत हैं परन्तु उद्धव के योग को स्वीकार नहीं करतीं। भाव यह है कि केवल प्रेम से ही प्रिय मिलन सम्भव है। शुद्ध प्रेम स्वयं ही आनन्दस्वरूप है। कबीर कहते हैं कि सिर देकर ही इस प्रेम मन्दिर में प्रवेश सम्भव है—'सीस उतारै भुइं धरै सो पैठै घर माँहि'। हनुमान को तुरन्त अपनी भूल का अहसास होता है और वे कहते हैं—आपको भूल जाना ही विपत्ति है। राक्षसों की विसात् ही कितनी है? उन्हें पराजित कर आप जानकी को ले आएँगे :

सीता कै अति बिपति बिसाला बिनहिं कहे भलि दीनदयाला।
निमिष निमिष करुणानिधि जाहिं कलप सम बीति।
बेगि चलिअ प्रभु आनिय भुजबल खल दल जीति।।
सुनि सीता दुख प्रभु सुख अयना। भरि आये जल राजिव नयना।
बचन काय मन मम गति जाही। सपनेहुँ बूझिइ बिपति कि ताही।
कह हनुमन्त बिपति प्रभु सोई। जब तब सुमिरन भजन न होई।
केतिक बात प्रभु जातु धान की। रिपुहिं जीति आनिबी जानिकी।

हनुमान के ज्ञान चक्षुओं को खोलने के पश्चात् राम उनकी महानता को स्वीकार करते हैं। उनके प्रति अपनी हार्दिक कृतज्ञता व्यक्त करते हैं। तथा कहते हैं कि तुम्हारे समान मेरा उपकार करने वाला कोई देवता, मनुष्य, मुनि अथवा कोई भी शरीरधारी नहीं है। मैं तुम्हारे उपकार का अहसान चुकाने में असमर्थ हूँ। मेरा मन भी तुम्हारे सामने नहीं आ सकता। दूसरे शब्दों में राम हनुमान से आँख नहीं मिला सकते अथवा उनका मन उनके समक्ष नतमस्तक है। आगे वे कहते हैं कि हे पुत्र! मैंने अच्छी तरह विचार कर देख लिया कि मैं तुम्हारे ऋण से मुक्त नहीं हो सकता। इन शब्दों को उच्चारित करते हुए राम का शरीर पुलकित हो जाता है, नेत्र प्रेम जल से भर जाते हैं तथा देवताओं की रक्षा करने वाले राम बार-बार उन्हें कृतज्ञतापूर्वक देख रहे हैं। राम के वचन सुनकर तथा प्रेम एवं कृतज्ञता से

गद्गद उनके मुख और शरीर को देखकर हनुमान का हृदय हर्ष एवं तीव्र प्रेम से विकल हो गया तथा 'रक्षा करो रक्षा करो' कहते हुए वे राम के चरणों में गिर पड़े। राम बार-बार उन्हें उठाना चाहते हैं परन्तु प्रेममग्न हनुमान को उठना अच्छा नहीं लगता। वे चिरकाल तक प्रभु की शरण में ही रहना चाहते हैं :

सुनु कपि तोहि समान उपकारी। नहिं कोउ सुर नर मुनि तनु धारी।
प्रति उपकार करौं का तोरा। सन्मुख होई न सकत मन मोरा।
सुनु सुत तोहिं उरिन मैं नाहीं। देखेउँ करि विचार मन माहीं।
पुनि पुनि कपिहिं चितव सुर त्राता। लोचन नीर पुलक अति गाता।
सुनि प्रभु वचन विलोकि मुख गात हरषि हनुमन्त।
चरन परेउ प्रेमाकुल त्राहि त्राहि भगवन्त॥
बार-बार प्रभु चहइ उठावा। प्रेम मगन तेहि उठव न भावा।

राम और हनुमान स्वामी और सेवक न रहकर पिता और पुत्र हो जाते हैं। जैसा मैं पहले कह चुका हूँ, तुलसी हर सम्बन्ध को पराकाष्ठा तक पहुँचाते हैं तथा इस दृष्टि से विश्व का कोई भी कवि उनकी बराबरी नहीं कर सकता। तुलसी ने भारतीय संस्कृति एवं उसके माध्यम से मानव संस्कृति को पूर्वापेक्षा अधिक सम्पन्न किया है। भले इस आदर्श तक पहुँचना अत्यन्त कठिन हो परन्तु तुलसी साहित्य के अध्येता इससे प्रेरित एवं आन्दोलित अवश्य होते हैं।

युद्ध और शान्ति

(जेहिं जय होइ सो स्यन्दन आना)

वन में अस्थि समूह देखकर राम सीता हरण के पूर्व ही पृथ्वी को निशाचर रहित करने का संकल्प ले लेते हैं। निशाचर कौन है? निशाचरों की प्रकृति का वर्णन पुस्तक के द्वितीय निबन्ध में किया जा चुका है। अंगद को दूत बनाकर भेजते समय राम कहते हैं–हे बालि पुत्र! तुम परम चतुर एवं बुद्धि, बल तथा गुणों के धाम हो। तुम मेरे कार्य के लिए लंका जाओ तथा शत्रु से प्रेमपूर्ण शब्दों में ऐसी बातें करो जिससे मेरा कार्य सम्पन्न हो तथा उसका भी कल्याण हो :

काजु हमार तासु हित होई। रिपुसन करेहु बतकही सोई।

राम पृथ्वी को निशाचरों के अत्याचार, अनाचार, शोषण एवं सन्त्रास से मुक्त करना चाहते थे परन्तु उनके प्रति उनके मन में कोई द्वेष नहीं था। निशाचर हठपूर्वक निरीह जनता के जीवन में हस्तक्षेप करते थे। राम को अपनी एवं जनता की शक्ति पर पूरा भरोसा था :

जग महुँ सखा निशाचर जेते। लछिमन हनइ निमिष महँ तेते।
जौं सभीत आवा सरनाई। रखिहउँ ताहि प्रान की नाईं।

यदि वे समझाने-बुझाने पर मान जाते तो वे राम के प्रिय पात्र बन जाते। पर रावण के अहंकार के कारण ऐसा सम्भव नहीं हो सका। ध्यान देने योग्य बात यह है कि रावण रामचरितमानस में खलनायक के रूप में चित्रित नहीं है। उसके असीम अहंकार तथा अनवरत अत्याचार के कारण तुलसी पग पग पर उसकी निन्दा करते हैं; परन्तु ऐसा उन्होंने लोक संग्रह हेतु ही किया है ताकि

वह जनता का आदर्श न बन जाए। यूरोपीय साहित्य के महा खलनायकों की भाँति वह एक षड्यन्त्रकारी तथा ठण्डे दिमाग से लोगों को तकलीफ देने की योजना बनाने वाली मशीन नहीं है। वह महापण्डित एवं अपराजेय योद्धा है। दुर्भाग्य से वह अपनी प्रकृति का गुलाम बन गया है। अपने विस्तृत अध्ययन एवं तीक्ष्ण मेधा के कारण वह अपनी इस दुर्बलता से परिचित है। परन्तु अपने अहंकार एवं उद्दाम वासनाओं को नियन्त्रित करने में असमर्थ है। उसकी आत्मा भी मुक्ति की आकांक्षी है। लेकिन उसका अहंकार उसे सत् मार्ग पर चलने नहीं देता। तभी तो खर-दूषण के वध पर वह चिन्तित हो जाता है। रात भर उसे नींद नहीं आती तथा सोचता है कि खर-दूषण मेरे समान बलवान हैं। उन्हें भगवान के सिवा कौन मार सकता है? यदि पृथ्वी का भार नष्ट करने के लिए भगवान ने अवतार लिया है तो मैं हठपूर्वक उनसे शत्रुता करूँगा। प्रभु के बाणों द्वारा मारे जाने पर मैं संसार सागर से तर जाऊँगा। तामस शरीर से भजन सम्भव नहीं है। वह मन, वचन, कर्म से भगवान से हठपूर्वक बैर करने का निश्चय कर लेता है। यदि राम कोई राजकुमार हैं तो युद्ध में उन्हें पराजित कर उनकी नारी का अपहरण कर लूँगा :

खर दूषन मोहिं सम बलवन्ता। तिनहिं को मारइ बिनु भगवन्ता।
सुर रंजन भंजन महि भारा। जौं भगवन्त लीन्ह अवतारा।
तौ मैं जाई बैर हठि करऊँ। प्रभु सर प्रान तजें भव तरऊँ।
होइहि भजन न तामस देहा। मन क्रम वचन मन्त्र दृढ़ एहा।
जौं नररूप भूप सुत कोऊ। हरिहउँ नारि जीति रन दोऊ।

रावण मुनि वेष में सीता का अपहरण करने गया था। जब अपना नाम बताकर उसने सीता को अपना असली रूप दिखाया तो भयभीत होकर भी सीता कहती हैं कि हे राक्षसराज जिस तरह क्षुद्र खरगोश सिंह की स्त्री की कामना कर अपनी मृत्यु को निमन्त्रित करता है उसी प्रकार तुम काल के वशीभूत होकर ही ऐसा दुःसाहस कर रहे हो। सीता के कठोर वचन सुनकर रावण क्रोधित तो हो गया परन्तु मन ही मन उनके चरणों की वन्दना करके उसने सुख का अनुभव भी किया क्योंकि उसके मन में शंका उत्पन्न हो गई थी कि शायद भगवान ने अवतार लिया है। राम को उसकी इस दुर्बलता का अनुमान था। इसीलिए उसको सन्मार्ग पर लाने का वे अन्तिम प्रयास करते हैं। राम और रावण दोनों को पता था कि ऐसा सम्भव नहीं है। तभी तो रावण मन, वचन, कर्म से बैर ठानने का निश्चय करता है। परन्तु महापुरुष होने के कारण राम फिर भी सम्भावना के विपरीत प्रयास करते हैं।

राम रावण युद्ध के समय रावण को रथ पर सवार तथा राम को पृथ्वी

पर खड़ा देखकर विभीषण व्याकुल हो जाते हैं तथा उनके चरणों की वन्दना कर प्रेमपूर्वक कहते हैं कि हे स्वामी! न तो आपके पास रथ है, न शरीर पर कवच है, न पैरों में जूते ही हैं। शक्तिशाली शत्रु को आप किस प्रकार जीतेंगे? कृपानिधान राम कहते हैं कि हे मित्र! जिससे विजय प्राप्त होती है वह रथ दूसरा ही है। शौर्य और धैर्य उस रथ के पहिए हैं। सत्य और शील उसकी दृढ़ ध्वजा और पताका हैं। शक्ति, विवेक, संयम और लोकसंग्रह उसके घोड़े हैं जो क्षमा, करुणा और समता रूपी रस्सी से संचालित हैं। ईश्वर भक्ति ही उसका ज्ञानवान सारथी है। वैराग्य उसकी ढाल है और सन्तोष तलवार है। बुद्धि प्रचण्ड शक्ति है, दान उसका अस्त्र है और श्रेष्ठ विज्ञान उसका कठिन धनुष है। पवित्र और स्थिर मन तरकस के समान है। शम (संयम), यम और नियम (पवित्रता के साधन) अनेक प्रकार के बाण हैं। ब्राह्मण और गुरु की पूजा अमोघ कवच है। इसके समान विजय का दूसरा उपाय नहीं है। हे सखा! जिसके पास ऐसा धर्म रथ हो, उसके लिए, जीतने को कहीं शत्रु ही नहीं हैं। हे धीरबुद्धि वाले सखा! जिसके ऐसा मजबूत रथ हो वह संसार रूपी अपराजेय शत्रु को भी जीत सकता है। अर्थात् वह जन्म-मृत्यु के बन्धन से मुक्त हो सकता है। रावण को पराजित करना तो मामूली बात है :

सौरज धीरज तेहिं रथ चाका। सत्यशील दृढ़ ध्वजा पताका।
बल, विवेक, दम परिहित घोरे। क्षमा, कृपा, समता रजु जोरे।
ईश भजन सारथी सुजाना। विरति चर्म, सन्तोष कृपाना।
दाम परसु, बुध शक्ति प्रचंडा। वर विज्ञान कठिन कोदण्डा।
अमल, अचल मन त्रोन समाना। सम, जम, नियम सिलीमुख नाना।
कवच अभेद विप्र गुरु पूजा। ऐहि सम विजय उपाय न दूजा।
सखा धर्ममय अस रथ जाके। जीतन कहँ न कतहुँ रिपु ताके।
महा अजय संसार रिपु जीत सकइ सो वीर।
जाके अस रथ होइ दृढ़ सुनहुँ सखा मतिधीर।।

धर्म रथ के इस महान् बिम्ब में, राज्य के उद्देश्य का ही चित्रण किया गया है। राज दर्शन के विभिन्न सिद्धान्तों का सार यहाँ समाहित है। सर्वप्रथम शासन व्यवस्था न्याय तथा समता पर आधारित होनी चाहिए। इसके अभाव में कोई सत्ता स्थायी नहीं रह सकती। ज्ञान विज्ञान के विकास तथा व्यक्ति की आत्मिक उन्नति के बिना यह सम्भव नहीं है। रावण के पास भौतिक शक्ति का अभाव नहीं था। ज्ञान विज्ञान की दृष्टि से भी उसकी व्यवस्था अत्यन्त विकसित थी। परन्तु उसका शासन न्याय पर आधारित नहीं था। व्यक्ति की गरिमा का किंचित भी सम्मान नहीं था। शक्तिशाली राक्षस हठपूर्वक दूसरों के जीवन में हस्तक्षेप करते थे। आर्थिक

एवं यौन शोषण चरम सीमा पर था। व्यक्ति की आत्मिक, आध्यात्मिक उन्नति की ओर किंचित भी ध्यान नहीं दिया जाता था। भौतिक शक्ति को ही अन्तिम माना जाता था। ऐसी सत्ता का विनाश निश्चित है।

परन्तु प्रश्न यह है कि क्या सामरिक शक्ति की उपेक्षा करके राज्य की रक्षा की जा सकती है? शायद नहीं। इसीलिए तुलसी भौतिक एवं आध्यात्मिक शक्ति के समन्वय की बात करते हैं। सर्वप्रथम हमारा राज्य न्याय, समता और धर्म पर आधारित होना चाहिए। हमें स्मरण रखना चाहिए कि प्लेटो ने 'न्याय' शब्द का प्रयोग धर्म के पर्यायवाची के रूप में ही किया था। सत्य, शील, शौर्य, धैर्य, बल, विवेक, क्षमा, करुणा, समता, सन्तोष, वैराग्य, और ईश्वर भक्ति को तो संसार के सभी धर्मों एवं समाजों में स्वीकार किया गया है। तुलसी के लिए तो भक्ति भी प्राणि मात्र से अभेद और उनकी सेवा का ही नाम है। सत्य और अहिंसा उसके साधन हैं। इस रूपक में केवल ब्राह्मण शब्द पर आपत्ति हो सकती है। पहले लिखा जा चुका है कि जो निष्काम भाव से बिना धन लिए, आत्म ज्ञान कराए वही ब्राह्मण है—'बेचहिं वेद धर्म दुहि लेहीं'। वेद से भी तुलसी का तात्पर्य सनातन सत्य से है। ईश्वर विश्व रूप और सत्य संकल्प हैं। तुलसी के दर्शन का विरोध तभी सम्भव है जब हम सत्य और इसके द्वारा विश्व की सेवा को अस्वीकार करें। तुलसी के अनुसार सत्य के समान कोई धर्म नहीं है—'धरम न दूसर सत्य समाना'। और अहिंसा परम धर्म है—'परम धरम श्रुति विदित अहिंसा'। कहना नहीं होगा कि गाँधी ने तुलसी के इस दर्शन को अपने जीवन में चरितार्थ किया है। फिर भी 'तुलसी दर्शन' गाँधी तक सीमित नहीं। तुलसी अबाध प्रतिभा के धनी थे। जीवन का कोई पहलू उनकी दृष्टि से ओझल नहीं था। न्याय व्यवस्था पर आधारित समाज भी पराधीन हो सकता है। अतः सर्वप्रथम हमें सत्य, अहिंसा, समता और न्याय पर आधारित समाज का निर्माण करना पड़ेगा। परन्तु हम सामरिक शक्ति की उपेक्षा भी नहीं कर सकते। संसार का युद्ध केवल आध्यात्मिक शक्ति के बल पर नहीं जीता जा सकता। इसके लिए आध्यात्मिकता से प्रेरित और अनुशासित भौतिक शक्ति भी उतनी ही आवश्यक है। इसीलिए जब इन्द्र राम को पैदल युद्ध करते देखते हैं तो उन्हें बहुत क्षोभ होता है और वे तुरन्त अपना रथ राम के पास भेजते हैं। उस तेज पुंज, अनुपम, दिव्य रथ में अजर, अमर मन की गति के समान चलने वाले चार मनोहर, चंचल घोड़े जुते हुए थे। राजा रामचन्द्र उस तेज पुंज रथ पर हर्षित होकर चढ़े। राम को परम शक्तिशाली रथ पर सवार देखकर, वानर सेना को विशेष बल मिला और वे उत्साहपूर्वक शत्रु पर टूट पड़े :

तेज पुंज रथ दिव्य अनूपा। हरषि चढ़े कोशलपुर भूपा।
चंचल तुरग मनोहर चारी। अजर अमर मन सम गति कारी।

रथारूढ़ रघुनाथहिं देखी। धाए कपि बल पाइ विशेखी।
सही न जाइ कपिन्ह कै मारी। तब रावन माया विस्तारी।

'सत्य संध' एवं 'समता की सीमा' राम प्रसन्न होकर तेज पुंज रथ पर सवार होते हैं। तथा उन्हें परम तेजस्वी रथ पर सवार देखकर वानर सेना में विशेष शक्ति का संचार हो जाता है। तपस्वी राम ने वानर सेना के मन में निर्भयता, आत्मविश्वास तथा उत्साह का संचार किया था तथा तेजपुंज रथ से उसे विशेष बल मिला। वानर दलित एवं सर्वाधिक पिछड़े समाज के प्रतीक हैं। राक्षस समाज ज्ञान विज्ञान तथा भौतिक शक्ति की दृष्टि से विकास की चरम सीमा पर था। परन्तु राम की प्रेरणा से वानर अपने सामने उन्हें कुछ भी नहीं समझते थे। राम ने उनमें इतना आत्मविश्वास तथा उत्साह भर दिया था। इस प्रकार राम आध्यात्मिक एवं भौतिक दोनों दृष्टियों से रावण से आगे थे। रावण के रथ के घोड़े वायुगति से दौड़ते थे–'अस कहि मरुत वेग रथ साजा'। इसी रथ को देखकर विभीषण भयभीत हो गए थे। राम ने विभीषण एवं सेना में विशेष शक्ति एवं साहस का संचार करने हेतु ऐसा रथ मँगाया। जिसमें 'मन सम गतिकारी' घोड़े जुते हुए थे। ध्यान रहे कि यह रथ इन्द्र के पास पहले से ही विद्यमान था परन्तु रावण को देखते ही वे सेना समेत पहाड़ों एवं गुफाओं में छिप जाते थे। इसी से विभीषण को समझाते हुए राम ने कहा था कि हे सखा जिससे विजय प्राप्त होती है वह रथ दूसरा ही है–'जेहि जय होई सो स्यन्दन आना'। दलित जनता के आत्म बल को जाग्रत करना एवं उसे संगठित करना राष्ट्रनायक का प्रथम लक्ष्य है। न्याय एवं समता पर आधारित समाज रचना के अभाव में राज्य स्थायी शक्ति प्राप्त नहीं कर सकता। फिर भी शक्ति के मद में चूर, सब प्रकार के अस्त्रों से सम्पन्न सत्ता को केवल आत्म बल के आधार पर पराजित नहीं किया जा सकता। अतः 'धर्मरथ' का 'तेजपुंज' होना भी उतना ही आवश्यक है। कह सकते हैं कि 'मानव-दर्शन' अभी तक इससे आगे नहीं बढ़ पाया है। शताब्दियों पूर्व तुलसी ने 'उपनिषद्-दर्शन' एवं 'वैज्ञानिक दर्शन' का समाहार किया था। मार्क्स का समतावाद भी यहाँ पूरी तरह विद्यमान है 'जद्यपि राम सींव समता की'। राम राज्य में कोई व्यक्ति पैसे के अभाव में भी जीवन की आवश्यक वस्तुएँ प्राप्त कर सकता था :

'बाजार रुचिर न बनइ बरनत, वस्तु बिनु गथ पाइये'।

सम्भवतः सामाजिक नैतिकता की सर्वाधिक व्यापक परिभाषा प्लेटो ने की थी। उसके अनुसार नैतिकता एक साथ निजी एवं सार्वजनिक होनी चाहिए। यदि ऐसा नहीं है तो नवीन विधि की रचना एवं अन्य प्रकार से राज्य को शुद्ध करना चाहिए, साथ ही व्यक्ति के चरित्र का उन्नयन भी करना चाहिए। इस तरह निजी

और सार्वजनिक नैतिकता में सम्भव समरसता स्थापित की जा सकती है :

> Morality ought to be at once private and public. If it is not so; the solution lies in correcting the state and improving the individual till they achieve this possible harmony.

व्यक्ति के सुधार 'improving the individual' की प्रक्रिया सतत जारी न रहने के कारण ही सोवियत संघ जैसे शक्तिशाली राज्य का विघटन हो गया। भारत में सार्वजनिक नैतिकता के अभाव के कारण राष्ट्र अभी भी दुर्बल है तथा सच्चे अर्थों में स्वतन्त्र नहीं है।

जर्मनी के सबसे बड़े कवि गेटे ने कहा है कि हमारे सर्वाधिक आदर का पात्र वही है जो प्रत्येक क्षण अन्याय के विरुद्ध तलवार उठाए रहता है। रामचरितमानस का ध्यानपूर्वक अवलोकन करने पर ज्ञात होता है कि राम वनवास में भी धनुष सदा अपने पास ही रखते थे तथा अवकाश के क्षणों में भी उसे उसी प्रकार छेड़ते रहते थे जिस प्रकार संगीतज्ञ अपने वाद्य को छेड़ता रहता है। जीवन में विजय तथा विभूति के लिए तपबल एवं भौतिक बल समान रूप से आवश्यक हैं। इस प्रकार हम देखते हैं कि तुलसी-काव्य में पश्चिमी एवं पूर्वी दर्शनों के श्रेष्ठतम अंश का समाहार उपलब्ध है। पश्चिमी दर्शन के अध्ययन का सुअवसर उन्हें नहीं मिला था। पूर्वी दर्शन की अतल गहराई में प्रवेश कर उन्हें समग्र विश्व दृष्टि उपलब्ध हो गई थी। फिर वे अबाध प्रतिभा के धनी कवि थे। अंग्रेजी के महानतम कवियों में एक वर्ड्स्वर्थ ने ठीक ही कहा है :

> Poetry is the essence of all knowledge

'कविता समस्त ज्ञान का सार है'—यह कथन उनके काव्य से भी अधिक शेक्सपियर और तुलसी के काव्य पर चरितार्थ होता है। कवि अपनी अप्रतिहत काव्य प्रतिभा के बल पर सम्पूर्ण ज्ञान के सार को आत्मसात कर लेता है; इसका सर्वोच्च उदाहरण शेक्सपियर का है जिसने पश्चिमी अथवा पूर्वी किसी दर्शन का विधिवत अध्ययन नहीं किया था फिर भी जिसका काव्य सम्पूर्ण विश्व के आकर्षण का केन्द्र बना हुआ है। पश्चिमी विश्व का सर्वाधिक प्रिय कवि तो वह है ही, साम्यवाद के जनक मार्क्स का भी वह सर्वाधिक प्रिय कवि था। यही बात तुलसी पर भी लागू होती है। मानवमात्र उनकी कविता तन्मयतापूर्वक पढ़कर आनन्द एवं शान्ति के साथ-साथ गरिमा एवं आत्म गौरव प्राप्त कर सकता है। सबसे बढ़कर एक अच्छा इंसान बन सकता है। गत सहस्राब्दी के दोनों महानतम कवि एक दूसरे से उतने ही भिन्न हैं, जितना पूर्व पश्चिम से परन्तु किपलिंग का यह कथन

कि पूर्व, पूर्व है और पश्चिम, पश्चिम और दोनों कभी मिल नहीं सकते, नितान्त भ्रामक है। दोनों महाकवियों के विशाल साहित्य के मूलमन्त्र दो ही हैं–'सत्य और प्रेम'। वस्तुतः इन दोनों को भी इन्होंने एक रूप कर दिया है। एक शब्द में समस्त मानव जाति को उनका एक ही सन्देश है–'प्रेम'।

रामहिं केवल प्रेमु पिआरा।
जानि लेउ जो जाननिहारा।।

●●●